我在阿帕拉契山徑

一趟向山學習思考的旅程

徐銘謙

【推薦】

步道・夢想

——邱一新（TVBS 週刊發行人）

這是一本充滿森多精的「步道旅行書」，讀來令人通體舒暢。作者藉由在美國阿帕拉契山徑的步道志工行旅，仿效樹木以年輪寫日記的方式，將這一趟奇妙旅程寫成人生的軌跡，藉此呼籲「無痕山林」的哲學，藉以反思人與自然的關係，期待建立台灣的環島步道和步道志工制度，讓人恍然大悟，原來作者的步道之旅，也是人生夢想之道。

【推薦】

微觀與宏觀，兩個按鈕——為銘謙的書寫序

——黃武雄（千里步道運動發起人）

「二〇〇三年我參加『刷青苔，救步道』的抗議活動，心中留下很多不解的問題。」台上的演說者這樣解釋她的背景。「幾年後我申請了客委會的築夢計畫，去了美國阿帕拉契山徑……」

這是我第一次看到銘謙。二〇〇六年十一月千里步道籌畫中心邀請她來「智庫沙龍」演講，那時她剛從阿帕拉契山徑做完步道修建的工作回來，身上還未脫去野外的氣息，語調裡猶帶著興奮。

「演講之前，我想先問大家，」她隨即走下講台，提出問題：「步道怎麼來的？你覺得什麼樣的步道是最好的？」

這是一個很不一樣的演說者，我心裡嘀咕著。

「一開始是農業社會，」社區大學的大樑張森田先生，用他平靜的語調說：「農產品是用挑的，走的是人工開闢的小徑，凹凸不平的，很難走，這些小徑有的變成了後來的產業道路。應該說，步道是人走出來的。最好的步道要搭配當地的人文與環境。若將山路用花崗岩鋪上石階，會與周圍環境相抵觸，好像兩個世界。」森田先生對問題一向深思熟慮，見解也常一針見血。

「謝謝這位大哥，你已經把我今天要講的都說完了！」銘謙話未說完，全場浮起一片笑聲。

這是我認識銘謙的開始。她在演講中解釋說，由於早先那些存留心中的問題一直未解，為了尋找答案，她遠走阿帕拉契山徑，去到另一個世界，在行動與實踐中打開她的視野、深化她的思維。

這些問題不只涉及修建步道的工法，更叩觸社會經濟與自然生態，兩者之間辯證糾結的大問題，背後不免牽涉到價值與現實之間的衝突。

兩年之後銘謙把她去阿帕拉契的經驗寫成了書。但它不像一般旅遊札記，只浮光掠影的記載所見所聞。也許是她心中一直存留著那些大問題，她不只在書中細膩的描寫她如何融入異國一個陌生的義工團隊、描寫她如何拉長她知覺的天線，探觸周遭風吹草動的聲息，也在書中反覆說明事情的歷史背景，闡述相互衝突的觀點，並碰觸較深層的社會問題。

讀她這本書，宏觀與微觀兩個按鈕，切換自如，好像鏡頭伸縮忽遠忽近，讓你身歷其境，卻來回翻越時空，不拘於一時一地。

書已經呈現在讀者眼前，怎麼閱讀一本書，應由讀者依自己的經驗，直接去體會或評論。我無意為讀者「導讀」，讓自己扮演仲介者的角色，荒謬的杵在讀者與作者之間。寫這篇序，我的定位比較像是一名讀者，因為這本書蘊涵很多惹人深思的問題，我選擇其中一二，試圖切入核心，也趁機與作者深度對話。

因此，我把要談的主文放到書後，當作〈讀者回應〉。請讀者先步入銘謙的世界，同她一起悠遊阿帕拉契山徑的風景，意猶未盡再回頭來看我書後的回應。

如果我還是不能免俗的做了導讀，這個建議便是我的導讀。

目錄

【新版序】

學習像山一樣行動

祖父了解到自己也同樣是由土石和空氣所組成的，因此他的意識並不單屬於自己，而是岩石、水、空氣組合而成的結果，他和萬物連結為一體的同時，也是萬物的一分子。這個動態連結讓祖父體悟到，所有發生在世界上的岩石、土壤、水和空氣身上的事，也都發生在自己身上和意念裡，人與萬物的分離並不存在，人是土，是水，也是空氣，這一切的結合創造出肉體，所以這個連結永遠不可能消失，只會遭到否認。

——湯姆．布朗《草原狼導師》

真沒想到，在離開阿帕拉契山徑的朋友們後近十年，還能聽到他們的消息。就是最近，一位到美國留學的讀者傳訊息問我：「你還記得 trail name 叫 Peter Pan 的這個人兒嗎？」這些英文字母立即像魔術般打開我大腦海馬回的一個抽屜，形象鮮明地浮現了一個黑髮矮壯戴黑框眼鏡的大鬍子，穿著胸前印著Appalachian Trail的T恤，以及他在翻找自己全程行者照片、坐在我旁邊一起喝啤酒，耳邊似乎真的傳來他的聲音，所有阿帕拉契山徑的片段紛紛被提取出來，清晰地就像昨天我才剛從那裡回來。

是的，山不只思考，還會行動。

二〇〇六年到美國阿帕拉契山徑作步道時，透過手握工具、聆聽森林與水流、遇見山椒魚，似懂非懂地開始理解環境倫理之父李奧帕德說的：「像山一樣思考。」回到台灣加入千里步道協會，走上一條意想不到的生命山徑，透過手作步道與自己生長的土地、岩石與山開始對話，當步道完成一段時間後，最好在大雨或災害過後回去檢視，試圖理解我們所做的擾動是否被山所接受。

將近十年持續透過步道解讀山的不同訊息，慢慢了解山的思考不只是超乎人類生命長度、靜待時間消逝而如如不動的，事實上，西方的李奧帕德悟出的與東方佛家所說的「成住壞空」類似。過去我們以為山是永恆不變，但變動才是常態，尤其台灣位於歐亞大陸與菲律賓海洋板塊的交界，山給我們的課題也是禮物，就是在變動中學習維持彈性適應的永續觀。

山不是藉著思考才採取行動，而是綜合所有自然與人為因素互動下反映出系統性的結果，生態系統就是山，手作步道教我們如何真正地「見山是山」，藉由山的行動來思考複雜的因果，以及釐清我們在其中是正面的還是負面的因素。我們就是山的一部分，也是因果的一部分。因此我們也不只是停留在思考的層次，思考是不夠的，必須像山一樣行動，近幾年來不只手作步道，包括青年從農、自然建築、樸門永續設計等重返土地的運動，有其內在相通的邏輯。而將近十年手作步道在台灣的實踐，是能夠引領個人進入公共空間，參與公民思辨與討論、資本與技術門檻較低的善巧法門，本書的重新再出版讓不論參與過手作步道與否的讀者，跟著我追尋夢幻步道的旅程一起從頭思考。

每座山都有全然不同的語言。

手作步道在台灣發展之路走得比我當初想像得更遠，在台灣千里步道協會工作夥伴包括周聖心、陳朝政、林芸姿等投入下，從二〇〇七年起協助林務局推動「步道工作假期」，二〇〇九年起協助太魯閣國家公園發展「步道志工」，同年與步道規劃設計專業師李嘉智、文耀興等開始研發種子師資訓練課程，二〇一〇年起與台北市行無礙推廣協會引進戶外通用設計的步道設計；二〇一一年發展出「步道學」課程體系，與林務局合作推動手作步道制度建立研究計畫，二〇一二年提出「天然步道零損失、水泥步道零成長」普查雙北步道鋪面問題；二〇一四年倡議「台灣步道日」，也邀請英國、冰島專家舉辦手作步道國際研討會，引進「群體技能」與「工法技能」的進階課程。

期間不只培訓出一批手作步道種子師資共學社群的優秀人才，也以工作假期生態旅遊的型態參與社區營造、環境守護議題，如南台灣的阿朗壹古道、東台灣的同禮部落、大南澳；以環境教育的形式發展正規與非正規教育體系的課程，包括台灣大學、暨南大學與永和社區大學、文山社區大學；以培育在地常態守護的示範則有與荒野保護協會、文山社大在福州山、仙跡岩的例行維護。

每個住在山裡的人群，都發展出因應環境的生活方式，步道工法具體而微地呈現出各地的文化與場所精神，我在新竹北埔千段崎向客家人學習到，運用鑿洞與木頭泡水切割石頭的方式、在暖暖古道等多處挑擔運輸使用的古道，學到因應扁擔人體工學的階梯高度、在新北石碇坪林山區了解到，土地公生日的聚會如何促使祭祀社群的人們聚在一起維修步道與公共空間、在許多漢人聚落訪問到清朝到日據時代，保甲制度如何讓社區出錢出力整理公共通行的空間。向花蓮太魯閣族人學習運用大理石砌造駁坎與階梯、向屏東排灣族與魯凱族學習立砌小石，防止水流沖蝕的鋪面工法與複雜的母語、在嘉明湖與大霸尖山學習處理高山凍原沖蝕溝的成因與處理的方法。每座山都教我不同的細節，工程不只關乎自然生態，也連帶深遠的歷史、文化乃至制度脈絡。

行動既是在地，也是全球共通。

在美國阿帕拉契山徑之後，我又在 Keep Walking 夢想資助計畫支持下，拜訪了英國 BTCV、日本 NICE 等國際組織建立連結，到德國 Hertz 國家公園參與工作假期，到日本金澤參與 IBO 組織的手作無障礙棧道，走訪法國白朗峰、瑞士少女峰、馬特洪峰等阿爾卑斯山步道系統；在林務局的支持下前往紐西蘭米佛步道、路特本步道參訪山屋經營管理與嚮導特許制度；獲得浩然基金會另立全球化資助計畫補助，將步道學推廣到北京，參訪丹巴中路、京西古道、南方絲綢之路、寧海國家登山健身步道；二〇一四年在韓國偶來步道組織的邀請下加入了亞洲與國際步道聯盟；二〇一五年與冰島森林管理局的夥伴關係，促成前往冰島學習凍原與火山熔岩地形的步道工法，與國際志工基地營的經營管理。

我也陸續接到讀者的迴響，不少讀者真的動身啟程前往阿帕拉契山徑追尋夢想，不管是搭便車或是巴士健行，或是拜訪阿帕拉契山徑保育協會的遊客中心，甚至也參與了Rocky Top或Konnarock的基地營，與我書中提及的Peter Pan等或未提及的其他志工在步道現場並肩工作，帶回來他們的新消息與問候。每個通往世界的足跡也不斷回饋到台灣經驗的累積，手作步道不只是志工與社區參與，可以是工程的理想境界，更涉及步道經營管理、常態維護的制度，世界上的步道雖然說著不同的山的語言，但在跨文化、跨地域的經驗中，卻存在許多高度的共通性，比如在英國南威爾士、日本沖繩、中國浙江寧海與台灣屏東舊達來都有類似的立砌小石鋪面與石牆造屋，這些地方的地質多岩石，而氣候也都相似地受到海洋、季風的影響；國際志工的流浪者精神與在地社區的熱情接待也跨越人類語系，不論在美國阿帕拉契、紐西蘭南島或是冰島 Thórsmörk。

在將近十年之後的現在，經歷過在台灣本土的深耕生根、以及國際相關領域的連結，作為啟程邁向一座又一座的山的起點，本書在台灣能重新再版，對個人而言有勿忘初衷的提醒，也是對眼力不如從前、卻費心為本書為文萬言推薦的恩師黃武雄老師的誌謝，感謝行人出版社社長周易正慨允為本書進行重新的編輯，特別是讓黃武雄老師的序言得以放大字體呈現，增進讀者深入黃老師與本書對話，延展本書討論的深度。感謝孫德齡、陳秀娟為本書重新編輯下了一番功夫設想，特別感謝周聖心為本書進行細緻的再版校對給予修正建議，也感謝時報開卷李金蓮、周月英以及評審委員給本書的肯定。本書在台灣重新再版與在中國大陸的簡體版同時出版，似乎也是行動引發行動蝴蝶效應的一部分，一切都有所連結。

在我心中，還有很多新的主題想繼續寫下來，特別是先前已經與讀者預約的尋找夢幻步道三部曲——台灣手作步道的實踐歷程，目前已在台灣山岳雜誌的專欄初步整埋，尚須自加壓力醞釀產出，但令人汗顏的是原先已經有初稿的尋找夢幻步道首部曲，都尚未有時間整理出版。只能怨嘆自己生產力不夠，在行動與書寫之間，實在難以兩全。只能勉強安慰自己，至少我還在學習像山一樣思考的路上，試著讓自己進一步成為行動方案的一部分，而關於山、關於步道的行動還有無涯的學習、無限的可能。

【舊版序】

像山一樣思考

在我心中，有一個與鄉野自然版圖相對應的心靈地圖，我所開闢的路，通往外在的山坡與沼澤，也通往心中的丘壑。藉由對腳下事物的研究，以及藉由閱讀和思索，讓我展開對自己及對大地的探索，最後，這兩種探索在我心中合而為一。而當本質性的事物藉由早期的基礎向我實現，且逐漸增強力量時，我在生命裡也面對著一個熱情而固執的期盼——永遠地將思想，以及它所帶來的一切麻煩拋開，除了最原始、最直接而徹底的慾望之外。走入小徑，毋須回顧。

——海恩斯，《星星，雪，火》

侯文詠老師曾經問我：「山怎麼思考？」

還記得客委會九十五年度築夢計畫的口試現場，我緊張地走進會議室，面對前面一字排開的評審委員，坐下，心裡忐忑著。侯文詠開口問：「你的計畫名稱叫做：『學習像山一樣思考』，那麼請你告訴我，山怎麼思考？」我愣了一下，突然覺得需要解釋的太多，一時不知如何在短短半分鐘內回答出來，只好說：「那裡的山怎麼思考，我得去了才知道。」這個答案，連我自己都不滿意，但是我記著要給侯文詠一個完整的答案，也許這本書可以算是。

「像山一樣思考」是李奥．帕德（Aldo Leopold）在《沙郡年記》（A Sand County Almanac）中說的一個雋永小故事。大意是說，當狼在夜晚嚎叫的時候，聽到聲音的各種生物，都有關乎自己生存的一番解讀。但是，「在這些明顯而迫近的希望和恐懼之後，藏著一個更深奥的意義：只有山知道這個意義，只有山活得夠久，可以客觀地聆聽狼的嚎叫。」美國各州的獵人樂於殺狼，以為狼一旦減少，將能獵得更多的鹿皮，最懼怕狼的鹿群，在狼群消失後不再恐懼；而一座失去狼的山，所有灌木和幼木的嫩葉都被過多的鹿群吃掉，變成光禿禿的，至於鹿群最後則因數量過多而餓死。「他沒有學會像山那樣思考，因此，乾旱塵暴區便出現了，而河流將我們的未來沖入大海裡。」

「只有山活得夠久」，知道當人們在他身上開道路會帶來什麼長遠的後果。至於人本身，沒有足夠的壽命去理解完整的前因後果，對這座山作決定的，與承受後果的人群並不相同，但可以確定的，決定與承擔是代代相傳的。當我在阿帕拉契山徑健行時傾聽林間鳥語透露的訊息，在彎腰修整步道的時候想想水流說了什麼話，在開闢新步道的時候觀察山椒魚與樹根傳遞的啟發，修屋頂、蓋新橋、釘釘子、敲石頭的時候，我都打開所有的感官試著理解，每座獨特的大山怎麼思考我們在它身上的所作所為。我想，我開始有點明白山的語言，而這通常是以一種細微、緩慢而直接的行動展現。

「為什麼去阿帕拉契山徑？」這是評審委員邱一新老師的問題，他說：「你如果不在這三分鐘內說明之前你從事的各種與步道有關的社會運動，光憑你這份計畫書，很難說服其他評審委員把這個機會給你」。我有點遲疑地看著素昧平生的邱老師問：「真的可以講嗎？我想，要申請政府的錢出去尋找答案，總不能提起之前那些挑戰政府的社會運動吧？不過，既然有老師注意到我寫在申請書上的簡歷，那麼我也就豁出去了！」

追尋夢幻步道的旅程，事實上在六年前就上路了，只是當時的我並不清楚。即將看到的故事並不只發生在二〇〇六年的夏天，甚至仍然是一段「現在進行式」的旅行，即使已經回到台灣。而現在的我，還不知道何時何地會被導引到終點去？或說，真的有終點嗎？從二〇〇二年底，我因為不滿四輪傳動車涉溪的電視廣告，寫了一篇給中國時報的投書〈穿林跨溪、靠我雙腿〉，以後意外引動一連串對四驅車風潮的反思與節制；由此我又陸續捲入保衛古道、反對石階工程、反對高山纜車、反對蘇花高等與環境相關的社會運動中。

一方面我愈來愈深入地了解環境與人的關係；另一方面也意識到，反對僅能暫時阻擋（或有時常悲壯收場）個案的、緊急的環境破壞，我們必須找到新的典範（Paradigm）去取代舊的觀念，才能從根源阻止荒謬工程的一再發生。但是典範要轉移不是依靠思想的教育，而必須是是人人皆能採取的行動。人們只有透過行動才能了解自然，人人都可以到自然去遊玩，這是一種行動；相較於你去認識動植物，並且對人們作解說，後者對自然的了解程度更深；若你在環境裡面動手種植作物、或親手修建山徑設施，在每一個行動中都要作決定，你會在過程中思考，並從結果中看到一個決定的好壞，這時你便會漸漸明白，山或是自然怎麼想這些事情。

社會運動也是一種行動，在不斷反覆的實踐與思考中，我先是找尋了一個可能的解答，然後一頭栽進去研究；比如我從四驅車的廣告、探險節目、車商車隊的行程等表象，開始深入到相關的法律、文化、能源層面去探索。研究得愈深入，就會嘗試找方法解決問題，發現找錯答案之後，又換一個假設去探究；比如之前反對步道鋪設傷腳的石階，我就開始研究其他鋪面材質；發現問題不在鋪面，而在工程設計與施工，又開始研究生態工法；結果那也不是答案，所以就尋到美國阿帕拉契山徑的經驗，發現志工參與和公民社會的新典範。

這一路的思考，我先是與步道運動的夥伴林宗弘合寫了一本《夢想步道》（暫名，未出版），紀錄了我們在一連串運動中的觀察與實驗，我們一方面在追尋心目中理想的步道原形，另一方面在我們身後也走出了一條無形的路跡，也就是那條導引我前進到阿帕拉契山徑的步道。舊版《地圖上最美的問號》建立在這樣的基礎上，先行付梓，但嚴格說來，只是整個步道拼圖的中間部分：從社會運動的「啟蒙」，到阿帕拉契的「追尋」，乃至返回台灣的「實踐」，構成了完整的「步道三部曲」。目前在台灣繼續推動的步道志工制度與千里步道運動，已經逐漸拼出完整的圖像。

在步道三部曲中，本書也是一個完整的斷代史，扮演著承先啟後的角色。從在台灣的行前準備開始，赴美參加「全程行者學校」的健行教育，一直到參與阿帕拉契山徑協會的修建步道志工隊的生活與思考，還有自助旅行式的國家公園、國家步道行旅……而探索的故事一個接一個，就像深入不斷前進上升的螺旋迴圈，每回好像已經找到答案，卻又帶領我們發現下一個思路的線索。

在學習做步道的過程中，不免要砍去一些樹與樹根，在握斧砍過樹之後，我一直對於出書兢兢業業，因為作書頁的紙也要砍樹，更何況裡面記載的旅程，遠在一萬多公里以外的美國，搭長途飛機來回的我，使用了很多石油能源，也排放了很多碳，讓樹與海洋辛苦吸收。閉關寫書的過程中，幾度因為害怕對不起樹，而舉筆維艱，我希望樹會覺得，它的犧牲是值得一條好的步道、一本負責任的書的。除了樹之外，我還要感謝許多人。

首先要感謝書中提及與未提及姓名的前輩先進給我的建議，包括鄭廷斌、蔡振中、江慧儀與孟磊、黃福森、何燾、曾鈺琪等人在行前準備的指引與協助；另外除了感謝照顧我的美國新朋友外，也要特別感謝劉格正一家與留學生們在異鄉給予的幫助；當然還要感謝於我赴美期間，在台灣輪班照顧家貓的瞿慎思、黃怡蓉、翁淑靜、陳芬瑜等好友們，讓我能無後顧之憂前去學習，最終並完成此書。

感謝客委會與評審委員們幫助我完成人生的夢想，返台後更要感謝農委會林務局的育樂組林澔貞組長、翁儷芯視察，願意吸取新觀念、不厭其煩地努力建立新制度，並促成阿帕拉契山徑協會來台經驗交流，由此一併感謝玉山國家公園管理處的陳隆陞處長、觀光課吳和融課長在接待上的協助，以及對步道志工制度的嘗試。而雅比斯步道顧問群李瑞宗、李嘉智、伍玉龍、賴鵬智老師，以及領導團隊的林鍫、辛苦執行的林秀茹等工作人員，他們促成阿帕拉契山徑經驗與台灣實務的接軌，使我在步道工法上有更深入的思考與實踐。

感謝荒野保護協會六年來在步道運動上的支持與啟發，尤其是保育部主任黃子晏一直到周東漢等歷任主任，都提供了步道智識的增長與實際參與的機會。感謝千里步道籌畫中心的工作夥伴，提供了可以讓我發揮對步道想像的平台，這本書的成形過程中，尤其要感謝黃武雄老師對內容的推敲與文句的耐心指正，以及周聖心、姜春年在文圖方面的編輯功力，促使本書更有可讀性。

最後要謝謝我的家人給我的空間，使我到三十五歲仍可做自己想做的事情；感謝簡錫堦亦父亦師的思想啟蒙，淑芬姐與子蓁給予的家人般的情感支持；感謝妤儒一路的支持與陪伴，敦促我在思想與行動上不斷的淬鍊精進。在我博士第六年的此時，也要感謝論文指導恩師周繼祥十年來的提攜，以及對我忙於「外務」的耐心包容。謝謝所有給予我有形與無形的協助的人們，希望這本書可以算是對他們的回報與感謝。

01 斷背山是個好的開始

一九八三年五月，他們在一串冰封的無名高地小湖間度過寒冷的幾天，然後走到對岸冰雹河流域。

上山過程，白天還算好走，但步道上吹積物深厚，邊緣濕滑，他們因此放棄小徑，自行開道蜿蜒前行，牽著兩匹馬穿越鬆脆的樹枝。傑克的舊帽仍綁著同樣一根老鷹羽毛，在燠熱的正午仰頭吸收帶有樑木松樹脂香的空氣，嗅著乾燥的針葉落葉層與熾熱的岩石，嗅著馬蹄壓垮的苦圓柏。恩尼司顯露歷經滄桑的眼神，眺望西方尋找大熱天可能生成的積雲，無奈無骨的藍天如此深邃，傑克說，抬頭看一眼都怕會被淹死。

——安妮．普露《斷背山》

我曾經發過誓，絕不踏上美國國土！

當進入美國國境要按捺指紋、過海關要脫鞋子徹底搜身、行李箱要整個打開不能上鎖等等政策，在未來的某一天通通取消之後，美國才會是我周遊世界夢想的最後一站。因此，此行多少來得有點出乎意外。

讓我非去美國不可的理由，就是夢想中的阿帕拉契山徑（Appalachian Trails）。

夢想的起點

在我起步很晚的非正統、肉腳登山生涯中，看待「登山」的角度有點異於常人。

試試搜尋Google圖片，輸入任何一個登山步道的名稱，看看會跑出什麼樣的結果？三角點、登頂標高牌、周邊的遠山雲海、動植物特寫、立有標示牌的登山口……

這些都是登山步道的景致之一；可是，我看到的不只是這些，我的眼睛照相機所看到的，是腳底下的步道！你曾留意過夏日在水泥步道上表面曬成乾的蚯蚓死狀嗎？或是被車撞死壓扁的青蛙與蛇？

我常常蹲在路上端詳牠們許久，看著這開闢成一輛車寬的「步道」，竟然是這些可憐動物最後的「天堂路」，心裡著實難過。而自從畢業離開學校籃球校隊後，苦於受過傷的膝蓋與腳踝，想要用溫和的登山健行取代過去的運動量，卻總是避不開一山又一山的石階和水泥鋪面道路。我總是想著，一定有對動物更友善，也更適合人走的路吧！

在一個偶然的機會裡，登山前輩說起遙遠國度有一條無鋪面的夢想步道——美國阿帕拉契山徑。

阿帕拉契山徑起初只是分散在大阿帕拉契山脈系統（the Great Appalachian Mountain System）中的原住民部落物資交換、殖民時期郵車路線上的路徑。十八世紀末，山區逐漸發展成高級度假區，在距今一百二十多年前東岸新英格蘭山徑沿線就有十數個山徑俱樂部（Mountain Club），自發維護步道路況，包括最早成立的健行團體阿帕拉契山徑俱樂部（Appalachian Mountain Club）、達特茅斯學院的戶外社團（Dartmouth Outing Club）等。

一九二一年班頓．麥凱（Benton MacKaye）倡議要串連起東岸最高的兩座山峰（南邊是北卡羅萊納州米歇爾山（Mt. Mitchell），高六六八四英呎（一英呎大約等於〇．三〇四八公尺）；北邊是新罕布夏州華盛頓山（Mt. Washington），高六二八八英呎），在此之間建立一條遠離城市喧囂的僻靜山徑，並建立起自給自足的山村經濟。這個夢想提出後，一九二五年美東幾個大型登山協會在華盛頓集會，組成阿帕拉契山徑協會（Appalachian Trail Conference，簡稱ATC），隨後在邁隆．艾弗利（Myron Avery）的領導下，逐步透過這個組織進行山徑路線的勘定、串連和修築。

歷經一九二九年美國經濟大蕭條，美國總統羅斯福推出擴大公共建設「新政」（New Deal），號召三百四十五萬名十八到廿五歲失業青年組成公民保育團（Civilian Conservation Corps），設置了四千五百個工作營地，以人力修築山徑、道路與設施[1]，加速了步道串連的工作，一九三七年終於全線貫通。

這是一條符合「路是人走出來」的自然步道；走完全程，聽說至少得花半年的時間。二次大戰結束後，一九四八年出現第一個走完全程的退伍軍人厄爾．維．薛弗（Earl V. Shaffer），他花了一百二十三天走完當時仍然崎嶇難辨的阿帕拉契山徑。自此以後，

1 一九三三年三月二十一日，美國總統羅斯福簽署「緊急保障工作法案」（Emergency Conservation Work Act），「公民保育團」由此成立，這是「新政」中最受歡迎的部分，美國各州乃至原住民保留地都因此有效地解決了失業問題。

符合資格的失業男性公民在由勞工部造冊後，由美國軍隊直接領導組織，以軍事化兵團管理。他們服從軍隊制度、紀律，穿制服、有兵階編制，由三千個軍官擔任各營地指導員，徵召在地有專業工作經驗的人擔任工頭，訓練年輕人學習工作所需的基本技術，所雇用的工頭超過兩萬五千人。教育部還編制教師，利用下工後的時間為年輕人上課，學習美國的歷史、文學、公民素養等課程，最高相當於大學層級。

公民保育團總共工作超過七十萬個工作天，主要工作是幫助發展與保存美國的各級政府公園、森林與歷史遺址。第一個營地就設置在維吉尼亞州的喬治·華盛頓國家森林。他們建造了至今仍在使用的山屋、山徑、道路。除此之外，他們在防止土壤侵蝕、種植樹木、防制野火等保育事業上，也作了極大的貢獻。

在一九四一到一九四七年二戰前後，公民保育團進行到一半的工作，部分轉由「公民公益服務」（Civilian Public Service）繼續，主要是由因為宗教與道德良心拒服兵役的年輕人組成，同時也有一些拘留日裔美人或德國戰俘的集中營，他們接續了未完成的工作。戰後，聯邦政府部門採用公民保育團的基礎，以正式的編制繼續召募年輕人從事相關戶外保育工作。而一九七〇年代過後，包括「全國服務與保育團聯盟」（National Association of Service and Conservation Corps）、「全國公民社群團」（National Civilian Community Corps）等許多民間社團，以及與我們一同做過一週步道的「學生保育聯盟」（Student Conservation Association）等，都將公民保育團的精神延續至今。

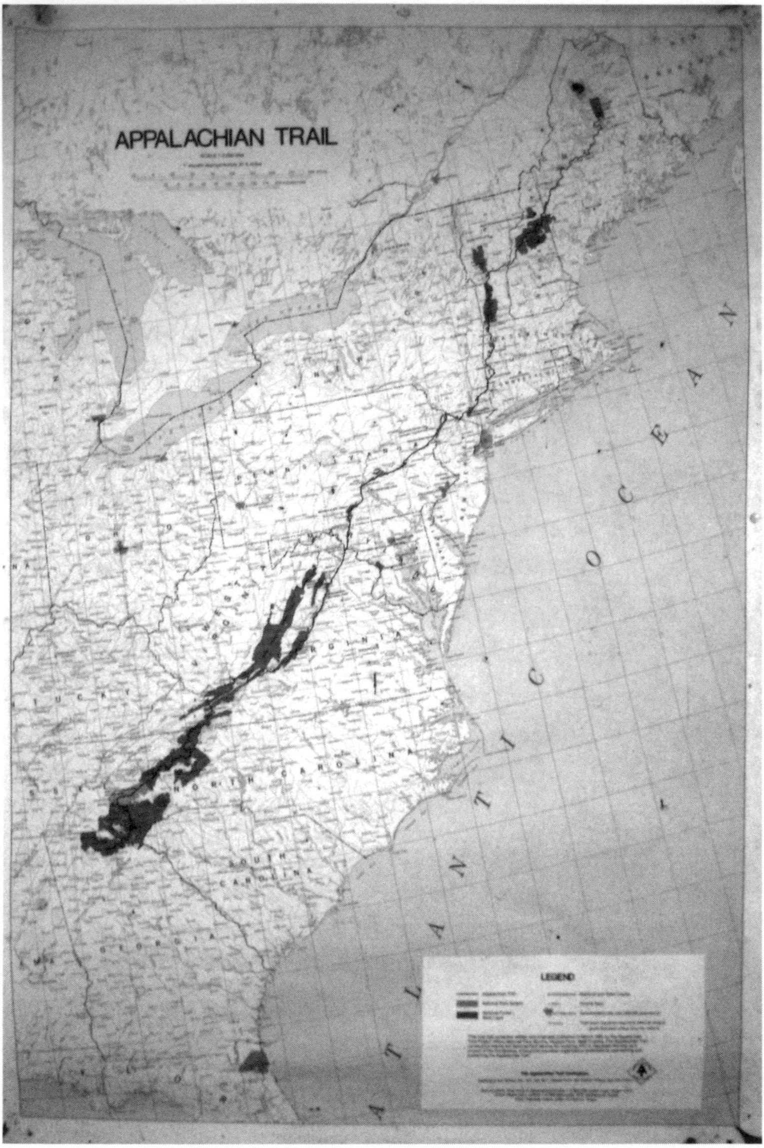
APPALACHIAN TRAIL
ATLANTIC OCEAN
NORTH CAROLINA
SOUTH CAROLINA
LEGEND

每年都有上千人投入「全程行者」（thru-hiker）的行列，但最後真正走完全程的人不到十分之一。

剛聽到這則訊息時，美國的「胖哥英雄」史帝夫．沃特（Steve Vaught）也正在進行他的「減肥長征」，從西岸的加州聖地牙哥穿過十四州抵達東岸紐約，一年多就減去四十八公斤，被譽為「現代版的阿甘」，在美國引起超級旋風。

我想，如果他可以走那麼遠，那麼我也應該可以吧？

書上的視野

可是，一旦開始蒐集資料時，困難就出現了，國內關於阿帕拉契山徑的介紹實在少得可憐，中文書只找得到兩本：一本是比爾．艾文（Bill Irwin）的《山徑之旅》（*Blind Courage*），是一個後天全盲的主角帶著導盲犬歐瑞安（Orient），在一九九〇年歷經千辛萬苦花了八個月走完全程的勵志自傳故事。

另一本是旅遊文學暢銷作家比爾．布萊森（Bill Bryson）的《別跟山過不去》（A

Walk in the Woods），這本在搞笑與跌跌撞撞中沒走完全程的書倒是很適合我。

比爾・布萊森這個沒經驗的初學者，與一個生活充滿挫折的朋友凱茲（Katz）同行，兩個沒有背重裝爬過山的人，邊走邊咒罵一直想放棄，但最後卻不知不覺地愛上山林，與嚴肅地帶著對上帝的信仰而走的比爾・艾文恰成有趣的對比。

兩個人不約而同選在三月早春（比爾・艾文的出發時間是三月八日；比爾・布萊森則是三月九日），開始從阿帕拉契山徑的最南端——位於喬治亞州的史普林格山（Springer Mountain）往北走，目標都是緬因州的卡塔丁山（Katahadin Mountain）。

這段路程全長超過二一六〇英哩（約三四五六公里），南北跨越美國東岸十四個州。如果這樣還無法具體想像它的長度，有一部記錄肌肉硬化症患者鮑伯・巴克（Bob Barker）拄著柺杖走完全程三次的影片《五百萬步》（Five Million Steps），片名就說明了一切。

非去不可的信念

從沒參與海外攀登，甚至在國內也沒有超過十天長程健行經驗的我，實在很難從書中想像實際抵達那裡的處境，即使讀完兩本書，勉強拼湊出阿帕拉契山徑的發展歷史，對照了一堆地圖上的名字，卻仍然對我產生不了意義，那裡的山、溪流、氣候、林相、動植物……離我仍然很遙遠。

我和盲人比爾．艾文的處境沒有多大差別，對於途中將會發生什麼情況完全無從想像；攻擊人的黑熊或是瘋狂謀殺案……等等傳聞，都讓出發前的我感到恐懼不安。

其實，吸引我的並非遠赴國外征服全程的欲望，因為即使在台灣，我都對於「數山頭、攻百岳」不感興趣，更何況至少半年才能走完的阿帕拉契山徑。

我好奇的是，比爾．布萊森書中誇讚，「阿帕拉契山徑確實是地球上由義工所完成的最偉大工程，它始終維持沒有商業介入的光榮紀錄」，這一條從來沒有人說得出正確長度，不斷浮動變化的美國第一條國家步道，究竟是什麼樣子？

二〇〇六年初，客家委員會築夢計畫決定提供我阿帕拉契之行的經費補助，原本只是隨著書本與網路文字臥遊的行程，意外地排定了出發的時間。但在出發前的忙亂中，我卻仍然猶豫不定，幸好行前看了一場電影，李安的《斷背山》（Brokeback Mountain）意外地強化了我非去不可的信念。

大家也許只看到希斯．萊傑飾演的「恩尼司」與傑克．葛倫霍飾演的「傑克」之間深刻的同性情感，而我的眼光卻遠遠聚焦在他們的背後——一九六三年的懷俄明州；雖然那與我要去的東岸阿帕拉契山脈相距甚遠。

大螢幕上，落磯山（Rocky Mountains）那大塊的雲、長空的藍、整片整片的嶙峋岩石與針葉林間雜，坐在電影院中的我，彷彿聞得到一種夾帶微塵又新鮮的空氣：主角們住在林務署規畫的營地、近似印第安人的尖頂帳蓬、生著火堆煮食物、用手巾擦澡、在營地邊上吊起食物防熊來吃、在溪澗中與黑熊面對面，山裡營地的生活頓時在我眼前具體了起來；還有那大部分時候晴空萬里、半夜冷颼颼，忽而下起大雨、甚至冰雹，以及那場催趕他們提早下山的夜間大雪，把帳蓬埋到只剩尖頂，隔天卻快速融成殘雪，難以想像前一晚大雪肆虐的場景……

我想，那就是了！我即將要前往的美國大山啊！

02 輕量化的極致是倔一頭騾子？

我入居林中，因為我要從容而審慎地生活，只面對生命中的重要事實，看看能否從這種生活中得到教訓；我不要在死時發現自己並沒有真正的生活。生活極其珍貴，我不願虛度人生；如非絕對必要，我也不願聽天由命。我要深入地生活，吸取生活的全部精髓；我要堅定地生活，簡樸刻苦地生活，把所有與生活無關的活動全部摒棄。

——梭羅《湖濱散記》

如果你有三個半月的旅程，其中超過一半的時間要在山林裡登山健行、做步道，另外不到一半的時間，要在不同城市之間自助旅行。這兩種活動所需要的裝備不盡相同，而且關鍵是，所有的裝備都要揹在自己的肩膀上，靠著自己的雙腳移動，那時你就會突然發現生命中不可或缺的事物是什麼，哪些是不能多帶，必須得斤斤計較的。

我從來沒有長程健行的經驗，也沒有到過美國的山區，無法想像那裡的天氣和山裡的情況，因此我對必要的裝備也無從想像。我打算趁著這次機會，把過去老是跟別人東借西借的裝備一次買齊，但是我不想跟比爾·布萊森一樣，到昂貴登山用品店，被推銷員的介紹沖昏了頭，一股腦兒買了一堆超出負重與需要、帶上山後卻要邊走邊丟的不必要裝備；但是我也不想到那邊以後，被瞬息萬變的早春氣候凍死他鄉。於是，我決定請教山界前輩們。

向山界前輩請益

第一位拜訪的前輩曾在美國留學多年，目前在國內推動生態登山，他在登山裝備上倒是沒有太多的建議，基本上就跟平常在台灣登百岳所需相距不遠，但是他語重心長地建議我：「想辦法買一把槍。」看到我下巴掉下來的樣子，他還是不為所動地繼續說，「一個女生要在異鄉深山健行是很危險的，美國的治安很不好。」

我們討論了很多現實的問題，比如：我沒有ID不能合法擁槍、槍很重會拖垮負重、我從來沒有使用過槍，連玩具槍都沒有、最後搞不好會被歹徒奪去，甚至把我斃了之類的理由後，他嘆口氣說：「至少買一把刀，隨身帶著，我都是這樣的，沒事的時候可以砍路，有事的時候可以防身。」接連好幾天，我都置身於一種客死異鄉的恐懼之中，反覆思考自己還要不要去從事這趟「危險之旅」。

接著我請教一位仙風道骨的山友學長——九紀山人，當我問及如何輕量化肩負的背包重量時，他幽默地跟我說：「就像去尼泊爾或印尼爬山，你乾脆花錢買一頭騾子跟著走就好啦！就跟去南美安地斯山一樣，裝備不用自己揹，騾子又擅長走崎嶇山路，你只要照顧牠三餐就好囉！」

我嚴肅地搖搖頭說，「這違背我『動物權』的理念。」他看我沒有被笑話打動的樣子，終於正經地拿出一個正在研發的「酒精爐」（如同他常有的奇怪研發，有一次是從馬來西亞帶回的某種蕈類，可以在登山時利用其生長會發熱的特性當暖暖包，同時到山頂時已長成蘑菇，又可充當素食者蛋白質來源。）頓時，我的腦海中有「噹噹」的聲響，因為他超炫的說法說服了我。

啤酒罐變身為爐具

爬過山的朋友們都知道，在山上煮食所用的，不外乎是瓦斯爐或汽化爐，前者瓦斯鐵罐有重量，瓦斯用完之後無法填充，就成為垃圾，無法回收再利用，造成地球負擔；至於汽化爐，爐具本身比瓦斯爐還要重，好處是燃料使用去漬油，可以重複充填，爐具可以不斷加壓使用，在高山上比較穩定，去漬油油瓶可以拿回中油回收，比較環保。但是兩者燃料仍然是石化產品，同時考慮到三個半月的攜帶分量相當驚人，更何況兩者都不能攜帶搭飛機遠渡重洋。而且鑑於二〇〇三年我帶著瓦斯爐頭前往法國，意圖減少飲食的開支，卻因為歐規、美規的差異，當地買的針頭扣式瓦斯罐無法安裝在我的旋轉卡式爐頭上，結果無法使用的慘痛經驗。爐具確實是一大問題。

九紀山人的酒精爐，是用兩個台灣啤酒的鋁罐製作的（雖然網路上討論以貓罐頭或百事可樂罐更佳，不過根據學長所說，製作酒精爐前的樂趣就是先喝乾啤酒，然後在微醺中完成，而使用台啤只是因為愛用國貨）。

作法是將兩個鋁罐切開，去除罐口取兩個罐底，分別截成約罐身的三分之一跟五分之一的高度，較長的一個底部內圈鑿出圓口，然後在罐身腰帶鑿出一圈間距約一公分的小洞，另外再截取罐身中段的鋁片，一端每隔兩公分左右剪一個小三角，然後剪開捲成筒狀放在兩個罐底中間，將兩邊罐底重新塞成一個完整的罐子，底部完好的一面當底，然後從挖好的圓口倒入濃度超過百分之九十五的藥用酒精，點火燃燒罐身外的酒精，直到鋁罐溫度達到酒精燃點，罐內酒精就會開始燃燒，此時在頂部放上欲加熱的裝水容器，酒精藉由裡層虹吸作用從小洞竄出，就會形成瓦斯爐火包圍鍋邊的藍色火網。

當實驗成功，效率超高地煮沸一鍋水時，九紀山人驕傲地要我比較重量，一個鋁罐加上一瓶酒精的重量，遠比一個最輕巧的瓦斯爐具與瓦斯罐還輕。而我看著燃燒的藍色火焰，突然想起酒精可由植物生產，不需依靠石化燃料，而鋁罐也只用到少許礦物原料製成。

我也向「太陽能達人」孟磊（Peter Morehead）求教，這個有趣的美國人先前在台灣推動夏至太陽能鍋創意野餐，做過各種材質的自製太陽能鍋。其原理很簡單，基本上就是設計幾片能夠聚集陽光的亮面，把陽光反射聚集到一個黑色的鍋子上，透過熱的引進與保存就能夠將鍋中的水或食物煮沸。

當我請他設計一個能夠帶到阿帕拉契山徑上使用的輕量、易於收折的戶外健行用太陽能鍋時，他用小紙盒摺出各種小模型來跟我討論，有像扇子一樣折疊展開的、有像紙箱一樣開闔的、有捲筒狀的；基本材料只需用到瓦楞紙箱、鋁箔紙、黑色塗料跟透明塑膠袋即可。如果這個鍋具真的能夠如我們預期，以太陽光熱炊煮食物，就幾乎可以達到零二氧化碳排放的目標了！

可惜在我出國之前，這個登山型的太陽能鍋未能及時完成設計，但卻開啟了我對登山裝備的視野。

▲啤酒罐酒精爐製做示意圖▼

1. 截取 1/3 罐身高度後的罐底鑿出圓口。

2. 罐身每隔一公分挖一個小洞。

3. 截取罐身中段，每隔兩公分左右剪一個三角形，讓酒經流入罐內。

4. 剪開罐身，捲成比罐底稍窄的圓筒並固定。

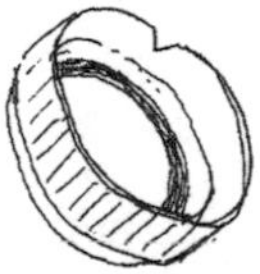

5. 再拿另一個截取 1/5 罐身高度的罐底當酒精爐底部。

6. 將酒精爐上中下部分組合，並注入酒精在罐身與罐底之間。

7. 在罐底下面鋪上鋁箔紙並稍事摺疊成盤狀，再將酒精注入鋁箔紙上，點火燃燒爐身，讓爐身熱度達到酒精燃點而使爐內的酒精起火燃燒，即可開始煮食。

選用輕量、節能的裝備

以前我只想到要去登山用品店買動輒上千塊的高科技輕量裝備，例如：鍋具從鐵到不銹鋼到鋁到鈦合金，或睡袋填充從棉到羽毛到中空纖維的進化，這些往往都是進口名牌，我得勒緊褲帶吃泡麵數月，才能向上進化一階；要不就是湊合著用那些笨重、體積大的裝備，然後努力跑操場、做重量訓練，以增強自己向駱駝看齊的揹負能力。

現在我才想到，原來裝備是可以DIY的。國外許多登山玩家，致力於將從頭到腳的裝備偷斤減兩；例如，講究舒適的背部設計往往使背包淨重三至五公斤，為了輕量化，有些登山玩家會嘗試去除頂袋或不必要的環節，背部軟墊則以塞放衣物、睡袋取代，或是減少帳棚營柱設計等。網路上的改裝設計討論，彷如累積人類智慧的自由軟體革命，藉由維基百科、Web2.0正快速進化。

而透過山界前輩的指點，我了解到從裝備的選用，也可以降低掠奪地球資源及破壞環境的程度，這是以往學習生態登山、土地倫理、無痕山林七大準則（Leave No

Trace，簡稱 LNT[2]）的我，所沒有想過的。因此，我開始熱中於減低二氧化碳排放、減低廢棄物產生、降低食物里程的裝備檢查，以便於此行能更符合環保生態的目的。

所以，一些我曾經使用過，但不符合節能要求的裝備，例如一種德國的方塊狀燃料，搭配小鐵盒的輕量小爐架（二〇〇七年我在優勝美地國家公園測試過）；或是用蠟燭（二〇〇六年後來在仙娜度瓦國家公園，因 REI 瓦斯爐不合用而嘗試過）；還有用小鐵罐收集枯枝木柴生火的輕量設計，都因為必須依賴石化燃料，以及燃燒效率不高反而增加二氧化碳排放量等理由被我放棄。

當然，更別提僱用騾子或挑夫之類等剝削勞動力的方法了。

2 無痕山林是林務局徵求網友命名之後，台灣正式採用的中文名稱，內容包括：一、事先充分的規劃與準備（Plan Ahead and Prepare）；二、在可承受地點行走宿營（Travel and Camp on Durable Surfaces）；三、適當維護環境處理垃圾（Dispose of Waste Properly）；四、勿取走任何資源與物件（Leave What You Find）；五、將火的使用及對環境的衝擊減至最低（Minimize Use and Impact from Fires）；六、保育自然環境與野生物（Respect Wildlife）；七、尊重其他的山林使用者（Be Considerate of Other Visitors））。

03

「怪咖」全程行者學校校長

約翰·繆爾（John Muir）：「從來沒有花很多時間，為旅行做準備——只須把麵包、茶放進舊背袋，跳過後院的籬笆，這樣就夠了，我的行李就跟松鼠尾巴一樣輕盈……我早上振奮自己的方式是，張開嘴，把茶葉放進去，再倒些水進來。味道真好，如果你心裡也能這樣想。夜幕低垂時，我就紮營，如果天氣轉壞，我保持溫暖的祕密武器，就是凝視當前的神奇美景。疲倦的時候，我就向動物學習，在芬芳的松樹下休息，或是到絨毛般的涼涼草地上隨便一躺……」

——約瑟夫·柯內爾

《學做自然的孩子——國家公園之父繆爾如何觀察自然》

當我在北卡羅萊納州的阿許維爾（Ashville）小機場第一眼看到華倫．杜耶（Warren Doyler）時，根本不相信眼前這個挺著啤酒肚的大鬍子，是完成阿帕拉契山徑全程十四次的紀錄保持人，況且他看來應該是一位上了年紀的老先生了。

我當然不是隨便在網站上搜尋，然後就孤注一擲地報名、繳學費，飛到這麼遠，把自己的第一站交到全然陌生的人手上（雖然在機場看到華倫本人時，我確實有一種遇到詐騙集團的感覺）。

華倫就是在比爾．艾文書中多次提到的「阿帕拉契山徑學校」（Appalachian Trail Institute）負責人，他曾盡力幫助比爾了解身處山徑時將會面對的狀況，甚至為了克服比爾無法讀地圖與文字的指引，還曾經以口述錄音的方式，讓比爾隨身攜帶，以便於在沿途確定水源及山屋的方向。

當然，那是距今十八年前的事情，而當時的華倫「只」走過七次全程。想像一下，什麼樣的人會花一生在山徑上走五萬公里？而且別人走全程得花上半年時間，他卻只要四個月就能辦到？（這意味著，他必須連續一百二十天，平均每天走廿八公里的路程）從一九八九年開始創辦這間山徑學校，至今他已經幫助超過八十個人成功走完全程。他的祕訣到底是什麼？

「要有完成全程的意志與決心，走阿帕拉契山徑不是休閒，而是一種承諾，一種工作！」「把舒適留在家裡，別帶到山徑上，你不需要那些，也能活下去！」「別期待你可以控制山徑、天氣與環境，你能做的就是改變自己的心態！」「對山徑愈恐懼，你就會揹愈多，要走完全程只有輕量化跟保持穩定的慢速度！」「腦子裡除了到達終點，沒有別的更重要的事！」

與其說這是充滿著綠意、原始，以及戶外求生用具的山徑學校，倒不如說是「全程行者魔鬼訓練營」。華倫要教的事情，就是打破常人對登山的看法，把自己在日常生活中的習慣徹底毀掉，以最低限度的生存本能，去適應與接受所有的狀況；然後，按照華倫的說法，你的人生就會因此整個改變。

全程行者只是遷徙的動物

一開始，華倫要學員們把想問的問題全拋出來，一一寫在白板上，然後展開「對話錄」式的震撼教育。

比如我們都很關心「補給」的問題，因為阿帕拉契山徑沿途罕無人煙，沒有便利商店可以買東西。一般全程行者的標準程序是，利用距離山徑最近的十九個郵局系統，事先規畫好日程，出發前把所需的糧食、備用鞋、薄睡袋等寄到郵局給自己；也可以在中途天氣開始變熱時，把出發時用的厚睡袋與衣物寄回家或寄到最後幾站的郵局，以減輕重量。

但是，華倫反問我們：「為什麼要煮食物？為什麼要帶帳棚？」

華倫認為，在山徑上煮食很浪費時間，而且還會因此吸引野生動物的攻擊，如果只吃冷食，就可以甚至不用帶爐具、鍋組。冷食的來源很方便，只需要在超市買一種糖棒（Energy Bar），口味很多任君挑選，每條有兩打，每餐吃一個，平均每個只要幾分美金，這樣就可以在山上撐過一個星期，直到抵達下一個小鎮時，再買一條帶著，又輕又便宜。而且許多山屋都有前人帶太多遺留下來的食物，特別是開始的第一週，大部分的人都帶太多，因此只需要撿拾別人的剩菜，或厚著臉皮分享別人煮好的食物；所以呢，第一週自己根本不用準備食物。我心想：「難怪這傢伙那麼胖，原來他的輕量化是用高熱量的垃圾食物做到的。」

這時，另一位學員舉手反駁：「山上入夜很冷，一天至少要有一餐熱食吧！」只見華倫悠悠地說：「冷是自己的心理作用！想想看，如果你走到天黑，馬上鑽進睡袋睡覺，你身上的體溫完全足以溫暖睡袋，只要睡袋保持乾燥。但是，如果你在冷風中生火，花一小時煮熱食吃，身上的熱量早已散失，熱食只是滿足你的心理需求而已。」

至於遮風避雨的帳棚呢？華倫說：「完全不用！」別以為他是要你規規矩矩地睡在山屋，事實上，山徑沿線有時超過二十英哩一間木屋都沒有；而且華倫認為住在山屋與山友們社交互動太多，被摸透底細，容易發生爭吵、搶劫、謀殺等危險，應當盡量避免。最好的方式，是找一塊離開山徑的平坦地面，獨自就地露宿（這在美國國家森林、國家公園範圍內完全是非法行為，為此，他還常跟巡山員發生爭執）。無論遇到什麼樣的天氣，你永遠只需要一塊地布，最多加上一塊防水帆布，搭配你的登山杖和路邊的一棵樹，就可以迅速搭好睡鋪。再輕的帳棚總會有一堆營柱、營釘、繩索，況且下雨之後，當你要收起濕答答又變重了的帳棚時，簡直會摧毀繼續上路的意志；結論就是：在背包裡放帳棚簡直是自找麻煩！

他在白板上畫了一張帳棚（Tent）跟防水帆布（Tarp）的比較圖，分析如下：

比較項目	帳棚	防水帆布
表面	共六個表面	共兩個表面
價格（美金）	100～300元	20～45元
附件	內外帳 8根營柱 營釘 營繩	無
乾時淨重	4磅	1～1.5磅
濕時毛重	6磅	2磅
易潮濕	V	
較冷		V
較悶熱	V	
野生動物	看不見	看得見

照他的方法，因為不花時間煮飯，每天只需五分鐘就可以完成睡覺的準備，所以有十六小時用在走路上面，背包可以只揹十公斤的重量，每天的行程安排簡化到只有「移動到下一個點」跟「睡覺」兩件事，其餘都不重要；任何阻止你到下一個點的障礙，全都不要做。如果天氣好的時候，甚至根本不用搭起防水帆布，只需要一個隔絕寒氣的睡墊；而一個好的睡墊，當然不是毫無阻隔效果的鋁箔睡墊，但也絕對不是高科技的充氣睡墊，或是占空間的格狀立體睡墊，一般的泡棉睡墊就很好用了！而且，太保暖的睡袋反而會在夏季會害慘自己。

這位創紀錄的全程行者所用的東西，全都不是在戶外用品店買的，華倫的座右銘就是：「便宜的超市就能買到你登山要用的一切。」

低價 Walt-Mart 大戰豪華 REI

為了證實他的說法，他在四天的室內課程中，花了一個下午，開車載我們到附近的沃爾瑪百貨（Walt-Mart），這是全美最大的連鎖低價超商。我們穿梭在一排排整齊的貨架間，聽他講解全程行者裝備的選購事項；當然，他還不忘帶我們仔細檢查不同的高熱量垃圾食物包裝上的卡路里及重量標示，他說：「山徑食物的選擇標準，就是平均每單位重量所含熱量最高的，放進購物車就對了！」

另一個下午，在前往田納西州進行戶外教學的路上，華倫特意繞去小鎮上的 REI（Recreational Equipment Inc.），這是全美最大的專業連鎖戶外用品店，華倫的用意是要當作對照，他要我們特別留意每樣物品的標價與超市價格的巨大差異，並說明每樣昂貴的登山用品都有替代品，各種新奇、零碎的小用品其實都不實用。他還在進門前再三叮囑我們：「千萬不要掏錢買東西。」

當我走入令人目眩神迷的戶外用品店時，幾乎在裡面迷了路，我想就算一整天耗在那裡都沒關係，眼前每樣東西都是如此神奇，特別吸引我目光的是，符合營養學標準的各種口味脫水食物，只需注入沸水，就可享受到所有香噴噴的美食。

看到我已成為「迷途羔羊」，華倫走過來搖搖頭，提醒我超市裡那一整排廉價的、又甜又膩的糖棒，就足以補充我在山徑上一天所需的能量。

我腦海浮現比爾．布萊森在類似的戶外用品店裡，「買了一堆足夠雇用一批雪巴人裝備」的場景，記得他最後「刪掉一樣售價五九．九五美金的設計師名牌野餐毯，我知道我可以在K-mart用五美金買到一塊野餐布」，還拒絕了「一個索價十二美金的緊急求救哨子」。而比爾．艾文也是在走了一星期之後，發現每樣東西雖只幾盎司重，但加起來就很可觀，而且半數以上根本用不到，包括「那把有二十七種功能的瑞士刀就差不多有一磅重，其實大多數的功能根本用不上，倒不如換把只有一盎司重的就足夠了」，結果，他走完第一星期後寄回去的裝備竟然有二十六磅重。

結束戶外教學，回到低價裝備哲學課程裡，有一位全身上下穿戴名牌登山服飾的學員終於忍不住提出質疑，「快乾防水、保暖的健行專用衣服，以及保護腳踝的防潑水Gore-tex登山鞋，是超市買不到的吧！」華倫聳聳肩、指指身上的普通襯衫、長褲與慢跑鞋說：「我就是穿這樣走完全程的，我都可以安然無恙，你也可以。」

他特別脫下腳上一種被稱做司尼克斯（Sneakers）的廉價網球鞋給我們看（就是一般人都買得起的普通慢跑鞋），「這種鞋子比登山鞋還輕，走起路來腳上不像拖著鉛塊，速度會快得多。相信我，如果弄濕了，（當然這種可能性比肯定保持乾燥的時候多），乾的速度比較快；而且穿壞了就丟，到處都可以買得到，像我每次走全程，都要穿破至少兩雙鞋子。」接著，又回到老話一句，如果背包愈輕，就愈不會對腳造成負擔，也愈不必擔心扭傷腳踝。

「所以，你絕對不需要一雙登山鞋。」他指一指那位「高檔貨先生」的鞋說。在他環顧四周以前，我趕緊悄悄地將穿在腳上在台灣新採購的登山鞋縮藏到桌子底下。

關於登山鞋，我想起幾年前的一件爭議，某德國知名品牌登山鞋出了一款環保鞋底，強調鞋底會自然腐爛分解，不致像其他材質萬年不化，然而不少山友後來反應不佳，因為當你在山上半途遇上鞋底壽命已盡，鞋底真的就會變成粉末，再也無法使用。我心裡開始衡量，究竟應該買一雙堅固耐用可以穿很久的好鞋，還是要買很多用壞即丟的鞋子，哪一種對環境比較友善？

華倫將寫在白板上的問題一一解答，解答之後就擦去，擦到最後一個問題，就是「飲水」的取得，「高檔貨先生」帶著一種即將取得勝利的笑容問道：「你建議我們應該用藥片、藥水，還是唧筒式濾水器來確保安全的飲水呢？」

這點我在台灣做過功課，知道美國山徑沿線不像台灣總能取得清冽乾淨的水源，而且往往因為遭受化學或牲畜放牧所致的微生物、寄生蟲污染，即使煮沸也無法確保肚子裡不會長出一堆強壯的鞭毛蟲。為此，我還特別研究過哪幾種藥物的藥效最強，加在水裡異味最少，而最後的結果是，我仍然選擇了較占體積，也比較重的陶瓷濾心濾水器，因為我無法忍受藥水味。

華倫的回答依舊保持他一貫的風格：「我幾乎不帶水，只帶一個小鋼杯。至於水中的微生物，我只能說，讓胃習慣就好了。」

「高檔貨先生」已經露出白繳五百元美金來這裡聽廢話的表情。華倫不理會他，繼續說：「你要知道哪裡的水可以喝，只需觀察動物們喝不喝那裡的水。如果動物們喝，那麼那水就算看起來再髒，也是安全的。動物可以喝的水，人沒道理不能喝。」

這番話迅速把我帶回第一次登百岳的場景，那是在南湖大山，一天晚餐，我笨拙地撈出麵條往自己的鋼杯放，不慎掉了幾根在沙礫地上，寡言的嚮導俯身撿拾起來，放進嘴裡吃掉，我忍不住說，「那很髒耶！」他看著我緩緩地回答，「你有沒有想過，人是這世界上唯一不吃沾了沙土的食物，為什麼？人不也是動物嗎？」這段對話震撼了我，也開啟了我登山倫理的第一課。

之後，我慢慢認識到，台灣的山岳界，也存在著一些價值觀念上的不同，比如早期台大登山社的前輩們，他們穿雨鞋、像原住民一樣揹著竹簍子，帶著鹽巴，以堅苦卓絕的精神，在山上刻苦克難，激發人類潛能的極限；另一方面，也有強調登山安全的觀念，應選擇適當的登山裝備作為輔助，特別是近幾年推廣登山杖的使用等，或許可以歐陽台生老師為代表。

在美國，也有類似的狀況，像華倫這樣平均一英哩只要花一塊錢美金的人（事實上他的最高紀錄是，四個月只花四百美金），我戲稱為「沃爾瑪派」，常被以丹．布魯斯（Dan Bruce）為代表的「REI派」視為極端，通常後者都會選超輕、保暖、排汗的全程行者專用的登山緊身衣褲，揹著高科技且去除一切不必要環節的背包。這兩派之中都有知名的全程行者，但是從裝備就可以看出不同的價值觀。

另外還有一個林．惠爾登（Lynne Whelden），姑且稱之為「中間派」，他則是廣泛蒐集資深全程行者的各種不同祕訣，主張凡是能輕量化的都是好方法；另一方面，他主張學習辨識山徑沿途可食用的植物和菇類，以取用自然的方式達到輕量化。最後這一派或許比較接近台灣推動「生態登山」的五二三登山會與生態登山學校。而他們彼此誰也不服誰。

萬卷不抵一頁書

有人說，在阿帕拉契山徑上是不可能迷路的，只要學會認明相當於直立一張美元大小的白漆標誌。後來當我真正走在山徑上時，才發現這種說法只對了一半。

阿帕拉契山徑雖然大都路徑清晰、單純，但是沿線幾乎少有指標系統，尤其沒有像台灣密集地布設指示牌、里程石，隨時告訴你到達下一個地點還有幾公里，或是你已經走了幾公里。在這裡，難得看到一個指示牌，如果有，通常也只有指向「南」和「北」，沒有里程指示；只有在國家公園範圍內、或是使用率高的區段，特別是與其他地區小徑交叉共用的部分，才會有較詳細的里程指示。

此時，你得事前做好準備，如地圖和隨身書。這裡的地圖，跟台灣那種鉅細靡遺、小比例尺的等高線登山圖非常不同，我原先帶了精密的指北針也派不上用場（好在沒聽信某戶外用品店店員建議，花上萬塊買笨重的衛星導航 GPS 定位系統）。

當華倫發給每人一張由阿帕拉契山徑協會出版的地圖時，我有種可能迷路的恐懼。我將折疊地圖打開，高舉到頭頂，整張地圖的底端約略到我的腰間，綿延美國東岸細長蜿蜒的山徑窄窄細細地用紅色虛線標示，十四個州的鄉鎮地名、交錯的河流與接近道路、國家森林與國家公園範圍、負責維護該段的登山俱樂部名稱等，密布其上。

如果你想知道細節，光靠這種地圖是不夠的。有很多種隨身書可以提供詳細程度不一的內容給不同需求的使用者，包括指南書（Guide Book）、手冊書（Hand Book）、資料書（Data Book）三種。第一種指南書是厚厚的活頁書，詳細指引你如何從東岸各大城市走高速公路、出交流道、切換小路抵達最近的山徑入口，還有沿線餐廳、旅館的資訊，以及當地的歷史人文與自然生態。指南書適合開車做短程旅遊的健行者，只要把需要用到的幾頁拆下來帶著即可。但全程行者攜帶這麼厚重的一本書，可一點都不好受。

手冊書與資料書比較適合全程行者使用，而且每年都會固定更新資訊（別忘了這是一條浮動不已的山徑），這種書通常盡量輕薄、開本也小、封面防水，適合塞在背包裡隨身攜帶。

但是，翻看內容，彷彿「天書」，充滿了一堆代碼與符號，把二一七五英哩所有的資訊都壓縮在一本不到七十頁的小手冊裡，最前面還不忘交代使用者注意無痕山林的戶外守則。

華倫帶著我們「解讀天書」，例如，地名兩邊的數字，右邊是從南到北計算的里程，左邊是從北到南；地名後面如果有「C」，就代表那裡有露營地（Campsite），「M」表示有餐廳供應食物（Meal），大寫「W」表示從步道向西走，小寫「w」表示有溪流水源，小寫「m」是距離步道的里程等。一段一段描述沿途所經的各地概況，包括地形、坡度、高差、碎石、沼澤、溪流、大塊裸岩，以及哪裡有避難山屋、營地、水源與小鎮，如何做適當的里程安排，以及山徑上不成文的文化和規則說明等。

通常全程行者會選擇在春天剛到、南方開始轉暖時出發，一路向北，在經過最長的維吉尼亞州區段時，會遇上百花盛開的最美季節；悶熱的夏天，正好在最無趣的賓夕凡尼西亞州；到了秋天時抵達北方，正好經歷變葉，是新英格蘭山徑最具特色的時節；即使步程再緩慢，趕在入冬大雪封山以前，應該可以完成攀登卡塔丁山。也有全程行者會從北方往南走，通常出發時間較晚，為的是避開酷暑時走在最痛苦的賓州，而在接近冬天時，南方仍然溫暖。

計畫這麼長的行程實屬不易，華倫卻把他多年的經驗濃縮成一本書，而那本書也完全符合他輕量化的風格，只有滿滿的一頁。

他依據坡度將全段分成四大區塊，每一區塊上坡與下坡的比例都差不多，必須控制在一定時間內走完，困難的路段每天走八至十二英哩；平路較多的路段適合趕路，一天至少要走十五至二十英哩。如此調配，加上善用每七至十天穿插的休息日（Zero Day），不像其他人選擇到小鎮上吃冰淇淋、大吃大喝，而是在山徑上好

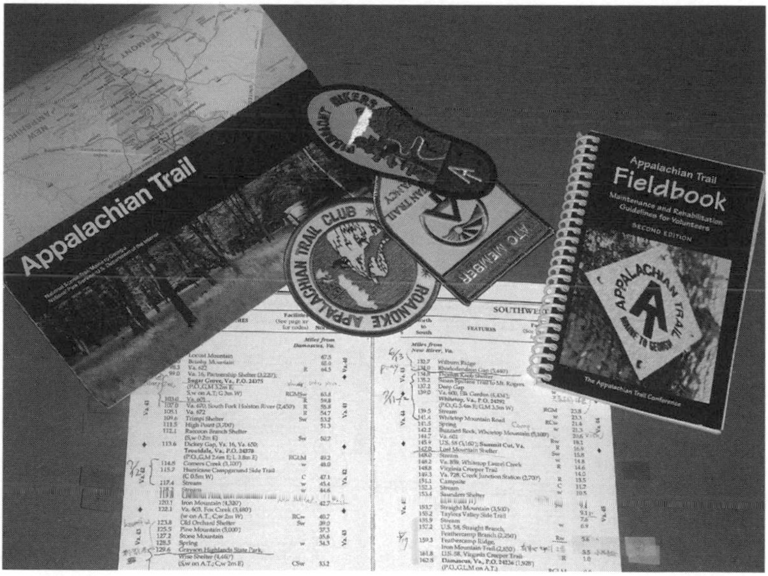

好休息，甚至把下大雨的日子挪成休息日，利用小雨的天氣盡量趕路。

華倫說，不需要帶收音機聽氣象，因為好天氣只有百分之二十的機率，你只能期待少濕一點；照著他的話去做，你就有機會名列偉大的全程行者之一。

我的同學們

就像橫越美國的「胖哥英雄」一樣，阿帕拉契山徑至今九千多個全程行者中，也有為了減肥而走的，比如一九九五年的烏德羅・莫非（Woodrow Murphy）；另外還有一個也算相當奇特的全程行者，一位年近七十，兩度走完全程的「老奶奶」艾瑪・蓋特伍德（Grandma Emma Gatewood）。在我的「同學」中，就有一位結合了這兩種特質的老太太，她是來自維吉尼亞州的德爾瑪（Thelma）。

當課程剛開始的時候，華倫要我們每個人「闔各言爾志」一番，給自己取一個山徑暱稱（trail name），然後說明為什麼自己想要踏上阿帕拉契山徑。同學當中，除了一對新婚夫妻提姆（Tim）跟蘿拉（Laura）之外，都是已經退休的老年人，他們似乎都把走完阿帕拉契當作一生追求的夢想，並且預計在最近兩年內展開計畫，不像我是個毫無征服卡塔丁山壯志的新手。

德爾瑪是我們之中年紀最大的，當她說起廿歲的夢想時，仍然略顯激動，她家其實距離阿帕拉契山徑不遠，自從在地區報紙上第一次看到全程行者的新聞報導後，卡塔丁山就成為她人生中一定要去的聖山。但是，這樣的想法被隨之而來的婚姻、子女等家務纏身，遲至年過六十才又重新認真思考起來。

她拍拍自己的大腿樂觀地問：「只要有心，什麼事都辦得到，對吧？」我注意到華倫閃過一絲猶豫，然後舉了幾個七、八十歲完成全程的例子，言不由衷地鼓舞她。

室內課程時，她比誰都認真抄寫筆記、舉手發問；但到了下午的戶外健行課程時，她的信心逐漸褪去，在沒有負重的情況下，她手持兩枝登山杖，卻從隊伍最前面一路落後。即使看起來小小的下坡，她都要費勁地蹲下去，緩慢地移動一隻腳著地，再吃力地換另一隻腳，但她仍然努力地勉強跟上隊伍的速度。

第一次踏上充滿傳說的山徑，我沉浸在滿滿的新鮮感之中，步道果真原始而自然，它在林間僅僅像一條泥線，在兩側雜草的退讓之間，蜿蜒伸展至林深盡頭。偶爾在山徑上與背包高過頭頂的健行者相遇，我總會望著他們的背包，露出崇拜的眼神，他們也總會以友善、帶點驕傲的笑容回應我的目光。

五月中旬的北卡羅萊納與田納西交界一帶的森林，春天才剛開始，林間的顏色還有點灰蒼蒼的，野花還沒有開，或許因為天冷溫差大，遠方還有充滿秋意的變葉小林夾雜在抽發綠芽的樹海中。我不時地停下腳步拍照，東指西指地向華倫發出一連串問號：「山徑上為什麼會有鐵絲網阻隔？跨越鐵絲網的木梯是誰做的？」「那邊的森林為什麼綁著螢光布條？是

另一條步道嗎？」「樹上有兩個白漆標誌是什麼意思？」「為什麼這段阿帕拉契山徑是柏油路？健行者為什麼會跟車子走在同一條路上？」「山屋裡面的留言本是誰放的？這裡面擠得下幾個人？」

因為我貪戀著欣賞初春山徑的風景，而且華倫耐心地回答我「入大廟，每事問」的「一千個為什麼」，所以隊伍不時停下腳步，總要等到日頭將盡時，華倫才催促我們離開山徑。無意間，我發現自己常落到隊伍最後，每當我跟華倫討論問題時，德爾瑪老太太才慢慢出現，並且對我投以感激的眼神。

期待看見最美的山徑風景

課程倒數第二天，華倫開始為每位學員做個人的評估建議，他建議那對年輕夫妻要注意人身安全，因為阿帕拉契山徑上曾經發生過九件謀殺案，一九八八、一九八九年分別發生女同志跟一對年輕男女在賓州一帶遭到殺害的事件，一九九七年在仙娜度瓦國家公園（Shenandoah National Park）又有兩名女子遇害。

因此，「最好小心你們的言行，在山屋住宿時不要向別人提到你們接下來的行程，以及下一個落腳點；蘿拉取的山徑暱稱，最好看起來是中性的，以免在留言本上就被注意、跟蹤。」

我聽得頭皮發麻之際，提姆拿出一把常常把玩的刀說：「沒問題的，我可以保護她。」我突然深感後悔，當初為什麼沒有採納前輩買槍的建議。

華倫緩緩轉向德爾瑪，他直率地說：「根據這幾天的觀察，我建議你不要勉強走完全程，你可以嘗試從家裡附近的山徑開始，每天走一段，然後逐漸加重背包重量，試著在外面露營看看，衡量自己的體力再做決定。」

「可是我想要當全程行者，這是我的夢想，我來這裡上課，不就是希望你能幫我完成夢想嗎？」德爾瑪音量提高，眼角流下淚來。

華倫的態度仍然強硬：「我看過太多人了，我知道你是走不完的，而且還可能讓自己陷入危險。如果你真的堅持要走，那你可以選擇當一個分段行者（section hiker），每年花一些時間，每次走一段，分很多年完成，也是一種被認可的方式。」德爾瑪已經泣不成聲，我們則一片靜默。

雖然華倫給我的建議很正面，但我從來就不想征服任何事物，尤其是大自然。課程幫助我迅速了解這條山徑，同時也讓我更清楚知道——我並不想做全程行者。

我想在最適合的季節抵達每一段山徑，領略她的豐富與最美的容顏，而不需要為了一氣呵成的趕路，硬要忍受行經的無趣路段（雖然它很可能其實充滿趣味，只因為不適當的天氣、太過快速經過而渾然不覺）。

第一週的山中健行，讓我對即將前往報到的六週步道志工生活，有著過於樂觀的期待，眼前盡是充滿自然野趣的山徑，我懷疑山徑上會有什麼工作可做？頂多除除雜草、撿撿垃圾吧！

雖然隱隱然還是有一股對未知的陌生與不安，但更多的是期待，期待看到的山徑風景。往後幾週，我才會慢慢領會，你在山徑上看到什麼，完全取決於停留時間、路經速度，以及背上揹的重量與內容。

04 阿帕拉契與沒有歷史的人

作法與構想的文化組合，由在明確情況下的堅決人類行動者使它們起作用。在行動的過程中，這些文化組合永遠在集合、拆除和再集合，以可變的音調傳達諸群體與階級的分歧路徑，這些路徑不能在交互行動的許多個人自私自利的決定中找到解釋。它們乃由社會勞力的使用中產生。社會勞力的動員，是為了約束自然的世界。動員的方式決定歷史的措辭。在歷史的措辭中，與歷史有特權關係的人，和那些沒有歷史的人，遭遇到共同的命運。

——艾立克·沃爾夫《歐洲與沒有歷史的人》

大提琴家馬友友在一九九六年首度演奏美國民謠的專輯裡，收錄了一首〈阿帕拉契圓舞曲〉（Appalachia Waltz）。接著二〇〇〇年發行的「民歌的馬友友」續篇，直接以《阿帕拉契之旅》（Appalachian Journey）為名，整張專輯用古典大提琴結合吉他，演奏出充滿拓荒風格的曲調，描述阿帕拉契山民早年的鄉村生活，輕快的節奏令人聯想到鄉村音樂（Bluegrass）和斑鳩五弦琴（Banjo）的場景。

那是我在山脊上的「阿帕拉契民俗中心」（Folk Artist Center）和「中阿帕拉契博物館」（Museum of the Middle Appalachians）裡，參觀墾拓時期的用具、老房子模型與老照片時，腦中反覆播放的背景音樂。

我從博物館的照片展示中，看見遠近漸層的綠色向前無限伸展，農家後院圈養牲畜的地方與大面積的棉花田，以一塊塊的砌石矮牆在傾斜的山坡地上劃分空間；空氣中飄著燒柴與烹煮食物的味道，還有棉花田收成時飄散的棉絮。這些照片拼湊出屬於阿帕拉契的故事，在這裡，把棉花紡成織品是主要的謀生之道，伐去森林、開山闢路，以瘦瘦的馬或騾，拖著車越過山頭買賣，一切都備嘗艱辛，有鹹鹹的汗水味。

恰巧當地的英文雜誌正好也在介紹阿帕拉契山脈，封面是美美的、開闊的、連綿不絕的青蔥山巒，標題則是大大的「處女地」（Virgin Land）、「僻野」（Backcountry）等這類詞彙。雜誌並票選阿帕拉契十條健行路線（Backpacking），搭配多張密林小徑的照片，呈現出這塊荒山野嶺彷彿是未開發的無主之地，可以滿足人們享受孤獨與自然的渴望。

這裡當然不是無主的，不過，在許多都市人的想像中，「山民」（Mountain People）應是粗俗不堪、文明未開的蠻族，他們必然夾雜著濃濃的地方口音，當陌生人闖入他們的範圍時，還會被四周投射而來的陰森眼光所傷。比爾．布萊森找到一段史家對十九世紀喬治亞州北部居民的形容是，「高高瘦瘦、形似枯槁的野獸」、「邪惡、粗暴、野蠻、落後，蟄居深邃黝黑森林的化外之民。」

這段形容或許有些誇張，但至少可以證明，在十九世紀以前，這片廣大的山脈已經有人居住了。

阿帕拉契山名之謎

很明顯地，「阿帕拉契」（Appa-lachian）這個字不是英文，也不是歐洲移民者的語言。

不只阿帕拉契這個字很特殊，山脈南段三個國家森林的名稱，也都透著神祕，從南往北分別是喬治亞州的查塔胡其（Chattahoochee）、北卡羅萊納州的奈塔哈拉和比薩（Nantahala and Pisgah），以及田納西州的契洛基（Cherokee）。

廣袤的森林，如今只留下這些名字，似有若無地追記曾經住在這裡的主人，當然他們並不覺得自己是主人。

所以，「新大陸」的命名並不像馬奎斯（Gabriel García Márquez）在《百年孤寂》（*Cien años de soledad*）裡說的，「世界太新，很多東西還沒有名字，必須用手去指」的浪漫創造過程。

命名大多時候是以「權力」來決定過去哪些該取該捨。比如，密西西比河以東第一高峰米歇爾山（Mount Mitchell），是紀念第一個懂得校正氣壓誤差，而在一八三五年準確測量此峰高度的北卡大學米歇爾教授（Elisha Mitchell）。那些曾經在此生活、攀爬、翻越過的人，或許給過它一個甚至更多的名字，但是現在大都被遺忘了；至於流傳下來的名字，也改變了原本的指涉與意涵。

先將命名的由來擺一邊，從博物館裡展示的出土人類器物，可拼湊出「阿帕拉契」這個名稱所指涉的大歷史。大約在西元前一萬一千年，阿帕拉契山脈出現北美大陸最早的原住民，他們在西元前八千年進入使用工具狩獵採集的時期（Archaic Period）[3]，然

3 從地質學的角度來看阿帕拉契山脈的誕生。阿帕拉契山脈向北延伸到現今政治疆域的加拿大紐芬蘭（Newfoundland），這是北美大陸的最東邊，山脈的尾稜仍繼續往北沒入魁北克省（Québec）外海；最南端在美國阿拉巴馬州中部（Alabama）。界定山群同為一脈的根據，是地質岩層的同質與延續性，因而判斷同屬一個板塊運動造山隆起的陸塊。而阿帕拉契山脈的隆起，是在四億八千萬年前盤古大陸（Pangaea）第三次大碰撞時首次現身的。在漫長的時光中，阿帕拉契山脈又經過塔康（Taconic）、阿卡迪亞（Acadian）、阿勒格尼（Alleghenian）三階段造山運動，才形塑出今日的山形樣貌。在二萬年前最後一次冰河顛峰期開始退去之後，人類才走上這塊山脈，登上還沒有歷史的舞台。

後在西方人的耶穌出生、紀元開始後，進入農牧社會的密西西比時期[4]（Mississippian Period）；此文明則在歐洲第一個探險家踏上美洲大陸之後，軋然而止。

而這些粗分的、後設的人類學式的時期分類，並非一脈相承的部族演進。當歐洲移民者、殖民者從海上登陸、逐步翻越阿帕拉契山與密西西比河這兩條南北縱隔的天險時，北美原住民族也將逐漸被逼退、離開阿帕拉契山脈的舞台。而分散在阿帕拉契山脈廣大地域、出入不同時空的，無數的原住民族群、語言與文化，有些被記錄流傳下來（或以訛傳訛），有些則毀滅消失。

直到二〇〇〇年的統計，北美尚存五百六十三個原住民部族（這是聯邦政府承認的數字），其中最大的部族就是位在阿帕拉契山脈南段、以今天北卡為中心的契洛基族（Cherokee）。這個族群就是少年小樹的血脈源頭。

雖然契洛基是阿帕拉契山脈的最大部族，但山脈以「阿帕拉契」命名卻是西班牙人的傑作。當一五二八年西班牙納瓦埃斯（Pánfilo de Narváez）探險隊深入今日佛羅里達（Florida）北端，發現一支名為阿帕拉契的部族（Apalachee，發音類似Apalachen [a.pa la.t nl]），於是「阿帕拉契」便隨著西班牙探險隊尋找金礦的腳步，成為所到之處整座山脈的名稱。後來西班牙人在此地建立了殖民統治根據地，使得阿帕拉契族人最後或死於征戰、或死於疾病、或被賣入印第安奴隸市場，從此滅族。

契洛基的傳說

每個部族對阿帕拉契山脈的起源有不同的傳說，但都可以追溯到冰河退去、大洪水時期的開端。

契洛基人傳說，最初整個地球是一片汪洋，動物們擠在另一個小小的星球Galunlati上。一隻叫做Dayunisi的水生昆蟲，想要替大家尋找更大的空間，自告奮勇潛入地球的海底，想看看底部有什麼東西。牠每次游回海面，就會帶上來一些軟泥，日積月累於

4 此時期約為西元九〇〇至一五〇〇年間，從阿帕拉契山脈北中南段山區出土的物品中有海貝、珍珠。證明了今天稱為阿帕拉契山脈的區域，正是密西西比文明時期南北部族的貿易路線，從最南端的墨西哥灣岸（Gulf Coast）到五大湖區（Great Lake），原住民部族盛行用山、海、湖之間的物品，相互交換買賣。

是形成一個長型的島嶼。為了創造適合遷居的環境，一隻紅頭美洲鷲貼近島嶼飛行，每當牠拍動翅膀，拍動向下成谷，振翅成山，山脈就此形成。

然後，動物們將新形成的島嶼四端以繩索固定，又將太陽舉高七次，以免太貼近地表而著火。一切就續後，動植物們開始移居，但必須七天七夜提高警覺，以度過島嶼成形初始可能發生的危險。到了第七個晚上，大部分動物都睡著了，只有貓頭鷹、豹等動物撐著沒睡，從此，牠們就擁有夜間獵捕其他動物的權利；而沒有睡著的植物，如雪松、松、雪杉、冬青、月桂等樹則將長青，其餘植物到了冬天就會落光頭髮（葉子）。

最後人類也來到這裡，那是一對兄妹，也就是契洛基人的祖先。最初他們每七天生下一個孩子，直到過於擁擠，才規定每個女性一年只產一子，子孫繁衍成今日的契洛基人。

淚之路

我從北卡前往維吉尼亞州步道志工團營地報到前，途經位於北卡大煙山國家公園（Great Smoky Mountains National Park）旁的契洛基原住民保留地。進入區內主要的大街，沿途都是大大小小的賣店，店主清一色都是白人面孔，拜全球化之賜，許多賣的玩具、小飾品在台灣觀光景點均有販售，而且翻到背面都有「中國製造」字樣，如果不是因為招牌寫著英文，剎時會有置身烏來的錯覺。

好在此行趕上契洛基族人一年一度的慶典，雖然慶典染上了觀光色彩，但多少還能感受到那麼一點點原住民的味道。觀光客圍坐在圓形表演舞台四周的階梯向下俯瞰，一群穿著鮮豔的老人、女人、小孩，一邊吟唱，一邊圍著圈圈小步走。舞台旁邊有許多剃光頭、留著小辮子，插著羽毛頭飾，身穿傳統服裝，手持多種狩獵及戰爭器物，長柄上還鑲有羽毛裝飾的青壯年，他們剛表演完，正和熟人聊天。舞台中的吟唱圈仍斷斷續續，不時有看台上的人加入一起晃幾圈，或圈內的人跑出來看台上坐，既沒有表演的精采，也沒有神聖祭儀的莊嚴，觀光客與契洛基人都非常隨興。

整個區內保留最多原住民歷史與文化的，是在離入口不遠處的「契洛基博物館」。一場突如其來的大雨打斷了表演，我們隨著觀光客衝到博物館內躲雨。於是，我開始閱讀契洛基與西方接觸的「淚之路」（The Trail of Tears）。

最初歐洲人抵達新大陸的故事，不是征服，而是接觸。

但是，就像賈德・戴蒙（Jared Diamond）在《槍炮、病菌與鋼鐵：人類社會的命運》（*Guns, Germs and Steel: The Fates of Human Societies*）中所形容的，接觸的過程最後仍然帶來了征服。

西班牙狄索托（Hernando De Soto）的探險隊，在一五四〇年「發現」契洛基族。當時西班牙人只是路過契洛基族人的居住地（幾乎涵蓋阿帕拉契中南段山區，大約十四萬平方英哩，包括今天的北卡、南卡、田納西、喬治亞、阿拉巴馬州），要去尋找金銀銅礦。契洛基人隨即與這群白人「部族」建立起貿易系統，以獸皮交換他們新奇的火槍。

接著法國人、英國人陸續到來，分別與不同的部族建立起白銀、獸皮與彈藥、火槍的貿易往來。白銀大量流出美洲，改變了歐洲的經濟消費模式；而原住民也開始大量獵捕野牛和鹿等野生動物。契洛基人將交換得來的火槍，用以強化武裝，與世仇部族或其他歐洲人征戰、械鬥。在歐洲人的慫恿下，他們將擄獲的異族原住民戰俘賣入奴隸市場，同時歐洲人也引進非洲黑奴來耕作、打仗。

後來大英帝國為了搶占殖民地，與原住民展開建立貿易聯盟的威脅利誘，比如為了便於貿易，極力勸說部族制的契洛基人共同選出帝王，與之簽訂契約，造成原住民內部原本建立在親屬關係上的傳統生產方式與分配秩序產生改變，為掌握貿易權力，原住民族系之間開始衝突不斷。西方的殖民利益搶奪，引爆了「英法七年戰爭」（一七五四至一七六三年），而在此前後，多數契洛基人從歐洲人身上感染天花等疾病，並因缺乏抵抗力而死亡，接著又有很多人死於一連串的戰爭。

一七六一年，英軍曾派廷伯雷（Henry Timberlake）深入契洛基部落會見酋長甌斯坦納寇（Ostenaco），後來他將沿途見聞鉅細靡遺寫成

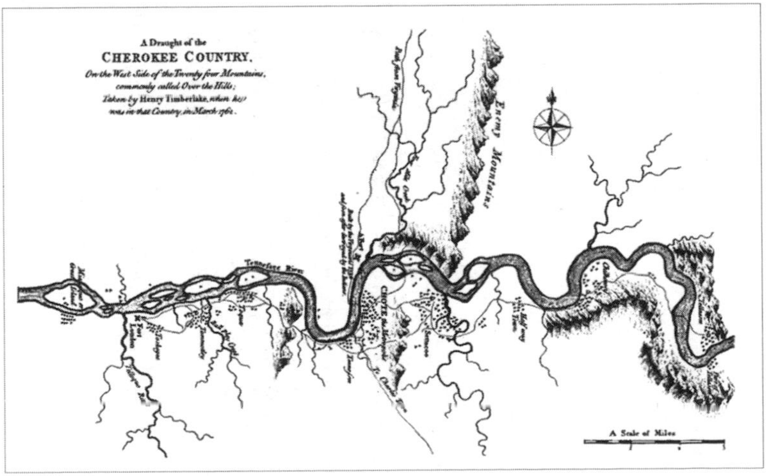

回憶錄，還手繪了部族的地圖，成為後世人類學家研究契洛基人的第一份文字記錄。隨後廷伯雷說服酋長隨他渡洋去見英軍的「大酋長」喬治三世（King George III），在英國引起一陣騷動，上流社會以欣賞「奇珍異獸」的心情爭相邀宴，並見諸當時的英國報紙。

在這趟被英國譽為「和平之旅」的旅途結束後，喬治三世頒布了一份詔書（Royal Proclamation of 1763），宣布以阿帕拉契山脈稜線為界線，以東到大西洋岸屬歐洲殖民者，以西為原住民部族的領土，除非經過英國皇家與原住民部族領袖會議的同意，任何人都不能繼續搶占、誘騙、買賣原住民的土地。雖然有些學者，特別是法國人，指責這份詔書只是保證了大英帝國對原住民土地交易的壟斷權，但是契洛基人卻認為這是紅人與白人間「最好的時光」。不過，這段黃金時期僅只維持了十年。

經過一番紛擾的爭戰歷史，一七八三年巴黎和約承認美國獨立後，契洛基人也開始了他們悲慘的境遇。美國開始推動印第安「文明化」（civilization）的公民政策，讓契洛基人接受西方教育、改變傳統生活方式、戴上英國假髮並穿上緊身衣褲，甚至契洛基的上層階級也開始蓄黑奴種棉花。

然而，隨著喬治亞州的淘金熱，及白人移民日益增多的土地需求，美國國會通過「印第安遷移法案」（the Indian Removal Act of 1830），強迫將位於阿帕拉契山脈以東的「五個文明部族」（The Five Civilized Tribes）遷移到西邊的奧克拉荷馬州（Oklahoma）劃設的印第安區域。

這項法案在少數契洛基「條約黨」（Treaty Party）主導下，片面簽下條約（Treaty of New Echota，1836），但大多數契洛基人拒絕承認。後來，美國總統派了七千名士兵，連夜強制將一萬六千名契洛基人及兩千名黑奴分成三條路線驅趕上路。他們大多以步行的方式，拖著家小、行李，翻越阿帕拉契山脈的天險，沿途許多人因為感染疾病而死去，還有最後一支遷徙隊伍在冬雪中死亡。當他們走完一千多英哩路程，抵達奧克拉荷馬州東部時，共有四千到八千人死於途中。

這段歷史並未記載於美國官方的文字，因此確切的死亡人數、行經路線，甚至遷移的歷史都很難追溯。但是就像他們開天闢地的始祖傳說一樣，沒有文字的契洛基人用口傳的方式，流傳了這段歷史。在他們的記憶地圖裡，這段漫長的生死之路叫做「淚之路」：

Nunna ual Isunyi，意思是那條他們哭泣過的路徑（the Trail Where They Cried）。這條路徑後來終於在一九八七年，由美國國會通過指定成為「淚之路國家歷史步道」（Trail of Tears National Historic Trail），並且以口述歷史的方式漸漸還原他們的集體記憶，而「淚之路」也擴大指涉到包含其他被迫遷移的部族悲傷歷史。

至於現在唯一留在阿帕拉契山脈東邊，也就是契洛基博物館所在的北卡契洛基保留地，則是當時少數符合美國法令規定擁有私有地的族人，以及躲藏在山區抵抗的契洛基人，共同委託他們的酋長養子白人湯瑪斯（William Holland Thomas），在一八四〇年代不斷集資購地，最後爭取政府承認、信託所留下的一塊小小區域。

走出博物館時，大雨已經停了，四周山巒被薄薄的雲霧繚繞，河面上也蒸散著煙氣，如夢似幻，這就是大煙山因而得名的美景。慶典已經結束，保留區內的路上看不到半個原住民，全都是觀光客。區內留下來的原住民後代，只剩下膚色還跟祖先一樣，他們已不再跟土地緊密相連，他們走入城市，拿著可樂、漢堡，甚至不會興起要去走阿帕拉契山徑的念頭。

當政府軍隊把大部分的查拉幾人給抓來後，他們準備好了四輪馬車和騾子，然後告訴查拉幾人可以駕著騾車往日落方向的土地出發……查拉幾人沒有坐上騾車，他們用自己的腳走路……

當查拉幾人距離他們的山愈來愈遠，就開始有人撐不住了。他們的靈魂不會死，也不會衰弱。但是嬰孩忍受不了煎熬而死去，接著是老人還有病人……

當你看見踽踽行走的母親，懷裡抱著僵硬了的嬰兒屍體，尚未瞑目的小眼睛睜開著，空洞地望著搖動的天空，你絕對寫不出任何詩句來描述那種慘狀。

當你看見父親放下自己妻子的屍身，依偎著她一起度過黑夜。當太陽升起，他又把她抱起來，然後要大兒子把他小弟弟的屍體給背好，並且告訴他別回頭看……別提起……也別哭泣……別把他們的山給忘了的時候，你還能唱得出歌嗎？

即使你能，那也不會是一首優美的歌。所以人們稱這條路叫「淚之途」。

——佛瑞斯特・卡特《少年小樹之歌》

05 做步道，第一課

上帝賜與生命，上帝也奪走生命，但現在，不再只有上帝可以這樣做。當我們的某個老祖先發明鏟子時，他就變成一個賜與者：因為他可以藉此種下一棵樹。當我們的某個老祖先發明斧頭時，他就成為一個掠奪者：因為他可以藉此砍下一棵樹。因此，任何一個擁有土地的人，都擔負了這些創造植物和摧毀植物的神聖工作，不管他自己知不知道。

——李奥帕德《沙郡年紀》

一早就被打在帳棚上的雨聲吵醒，如果不是這豆粒跳動般的聲音，以及落在不遠處的響雷，我可能無法在清晨六點前起床。習慣了城市的生活步調，要不是大雨比手機鬧鈴提早來到，我還弄不清楚自己身在何處。

掙扎地拉開睡袋，走出帳棚外，伸展因在不平的野地睡了一夜而腰痠背痛的身子，南方初春的早晨仍然相當寒冷。我們昨天從維吉尼亞位於休格格拉芙（Sugar Grove）的康拉洛克（Konnarock Trail Crew）基地營（Base Camp）開了四個多小時的車，才到這個位於田納西、北卡交界的芳丹納壩（Fontana Dam）附近的山區，在阿帕拉契山徑下方的隱密廢棄林道安頓紮營；而現在我們將在寒風中喝咖啡，帶著午餐三明治前往山徑上預定的工作點。

工作的第一天，竟然下起大雨。

在雨中，副領隊克莉絲汀（Christine Hoyer）打開卡車後門，將整車的工具分類放好，領隊大鬍子泰德（Ted Wilson）揮揮手，要義工們開始動作：「這些工具全都要帶上山，每個人只要拿你拿得動的就好了！」

我看看地面上各式各樣從沒看過的大大小小工具，工具數量顯然比義工人數多出許多，每個人大概要拿二到三樣才行。我不好意思每樣都掂過重量再慢慢挑選，因為其他義工都已經陸續取走工具，並且逐漸往山徑移動。

我拿起一把看來最輕的、長得有點像小號十字鎬的工具，旁邊兩個義工正忙著把一個長柄大鐵槌越過頭部，穿過背包上方的提環，頭上柄下地掛在背包外面；還有人用背包側邊的扣環綁住一枝鏟子，鏟面就在後腦杓邊上，看了令我捏把冷汗。我的攻頂背包太輕小，沒有多餘的「機關」可以安置，只能把工具拿在手上；再另外挑了一把狀似《西遊記》裡豬八戒使用的耙子，背包裡面也勉強插了把大樹枝剪。好了，我總算也拿了三樣！

除了這些公用的工具以外，我們每個人身上都還有昨晚報到、進行歡迎式後，前往庫房領取的個人裝備：一頂可以放置礦工頭燈的工作安全帽、一副粗布手套，以及一對像捕手腿上綁的護膝（Shin Guard）。昨晚當我置身在白牆庫房中排隊領取裝備、等候簽名的時候，我想起大學時代位在體育館角落的壘球校隊球具器材室，一樣釘得有條不紊的架子，一樣有護膝、手套。但是此刻在山中而非球場，我們為什麼要帶著這個古怪的護膝上山工作？

愛你的工具

穿上雨衣，把帽子壓低擋雨，我調整好背包與兩隻手的角度，跟著十二人的隊伍魚貫走上山徑。初始覺得拿在手上還算輕的工具，在走完一段連續上坡之後，開始沉重起來。我氣喘如牛，不時得低頭留意腳下凸出的樹根或石塊，以免冷不防絆倒，被自己手上橫提的工具刺傷。

四英哩的山路，揹著背包走已不算輕鬆，況且手上還拿著工具。在雙手漸漸失去知覺，不再使得出力氣，只能以一種僵直的本能提著時，我偶爾變換姿勢，或是藉故停下來欣賞路邊樹腳下的小花，希望能使痠痛的肩膀與雙手恢復知覺。看著這列背掛、手提著各樣工具的隊伍，以及不時絆住我的耙子長柄，突然覺得我們活像歷經險阻要去西天取經的唐僧隊伍，可惜的是，我手中的耙子不是金箍棒，不能吹一口氣縮小放到耳朵後面。

一個多小時後，就在我開始懷疑：就算活著抵達工作地點，可能也沒力氣揮舞工具之際，我們到了。

終於可以把身上的工具放下來。領隊在我們喘氣的空檔，開始說明工作的安全守則、野外活動的注意事項、本週預定的工作項目與目標，以及工具的使用示範。

「銘（美國人記不住我的全名，方便起見，只取一個音節）！幫我把 Pulaski 拿來！」

泰德轉過頭對著我喊，我一臉茫然地看著他，腦海中搜尋這個英文單字，到底是指哪一個工具？目前為止，這些工具已經被我以一些不精確的中文對應起來，但是從剛剛的工作講解時，我就非常吃力地似懂非懂聽著一堆陌生的單字，完全跟不上。

他從我茫然的眼神中發現這層語言的隔閡，走來從我腳邊拿起一把一面是斧頭、一面是像鋤頭或鏟子狀的工具，笑著安慰我：「別擔心，你還有六週可以學。」天啊！我為什麼要一口氣報名這麼長的工作時間？而我現在幾乎連上工第一天的中午都撐不到。

泰德把所有人分散在山徑上的不同路段，兩人一組，工作時除了另一位同伴，幾乎看不到其他人。我最後才得到分配的任務，當他帶著我越過沿途工作點的時候，我看到其他義工已經開始動作起來。而我的任務內容，就是提著剛剛那把沒有中文名稱的工具，清理一段大約六英呎長的步道表面。

此段步道因為上邊坡被山壁沖下來的泥土覆蓋，使得路面縮小而且向下傾斜，我要做的事情，就是用看起來像斧頭和鐽子合體的「普雷斯基」（Pulaski）把上邊坡的覆蓋清除，掘出呈四十五度角的穩定邊坡，以恢復步道平面，且步道表面要微幅向下邊坡傾斜，使水仍能迅速離開步道往下流散。路面掘出來的廢土再用耙子（Fire Rake）耙除（豬八戒法器的英文名字），使之遠離步道與邊緣。

「這樣就完成了！」泰德示範完，把普雷斯基交給我，示意我可以開始。「做完你再告訴我，我會再來看看，給你下一個任務。」[5]

少林基本功夫

這工作看來容易，短短六英呎卻花了我整整兩天。

此後幾週，每段步道工作幾乎都要先從這個步驟開始，就像小和尚進入少林寺，必須挑水經年，才能練功一樣，這是札札實實的基本功夫。

當時的我，也像小和尚一樣，心裡老想練習進階的招式，因此大約每隔二到三小時，我就會跑去找泰德，請他來看看我能不能進展到下一步，想要體驗像其他從我旁邊經過的義工不時搬動木頭、石塊的工作，那些工作似乎比我一整天枯燥地彎腰挖掘邊坡有趣許多。

而泰德抽身來看的時候，總是先稱許我，然後指示我哪裡再挖深一點、角度再修得更漂亮清晰些。

漸漸地，我發現自己切邊坡的角度之所以不夠漂亮，可能與我想避免挖斷一些小小的

5 一般步道最常遇到的問題，就是步道表面被雨水夾帶沖刷下來的泥土覆蓋，使得步道本體變窄、變斜。因此步道清理的目標就是：清除覆土、恢復原有路寬，並且保持路面向外側微幅傾斜的角度，以使雨水能夠迅速離開步道，不致積水。因為步道一旦積水，健行者通常會選擇閃避，而在步道邊緣踩踏出路跡，久而久之，不但步道變寬，甚至在原本的植被上也踩出許多新路徑來，對周邊環境造成破壞；且步道太寬，健行者持續踩踏中間，容易形成凹陷，一旦形成坡度落差，遇雨則變成水路，容易加劇步道積水的問題。時時清理步道，才能維持良好路況。

樹根有關，也跟我自己對步道堪用的標準有關，我想維持的步道寬度，似乎比泰德或其他義工來得小。這或許是因為我對步道的環境與結構不了解，也或許跟我自己的環保生態概念有關。因此，我挖掘邊坡的工作，看起來像是在考古，仔細挖掘，保存地表的完整。而泰德的理想，則是維持一個清晰可辨、至少三英呎寬，而且不會有任何凹凸不平絆住健行者雙腳的步道表面。

到了第三天，我終於妥協，忍痛砍掉了一些樹根；同時，藉著休息喝水的時間，走去觀察別人挖掘的邊坡，我慢慢發現，每一段步道都有不同的個性，這些個性都是因為所在位置的向陽背陽、所擁有的樹林稀疏、樹種樹冠的不同、水文流向，以及穿越步道的方式不同所造成。

在短短的一英哩之內，因應步道個性的千變萬化，許多工法必須進行微調。

我開始靜下心來，聽步道說話。

其實並不是所有步道都需要轟轟烈烈、大挖大填的工法，大部分步道喜歡靜靜地與周邊環境互動出一個平衡的體系，只有當步道本身因環境變動而造成健行者安全的疑慮，人為的工法才會幫助步道與環境尋找平衡，否則人為的擾動反而會破壞其間的秩序。

在做步道的過程中，我總是處於掙扎、反問自己、抉擇等不斷反覆的循環中。例如：碰到一根在步道淺層而且方向與步道平行的樹根，想著到底需不需要砍除，腦袋裡轉了幾轉：它無法幫助步道排水，也沒有類似階梯的擋水功能，反而會讓健行者一腳高一腳低，甚至扭傷腳，那麼我就得忍痛去除這棵樹的副根；另一根看起來是步道上緣延伸下來的主根，雖然仍然可能絆倒走得太靠邊的健行者，但是從粗壯的根形與走向看來，它是這棵枝繁葉茂的大樹最主要的吸收養分來源，所以我就保留了它。

最後，當我找來泰德時，他看了看，邁開步伐在我的步道來回走一遍，然後露出鬍子底下的牙齒笑著對我說：「我會去幫你找一段適合你的步道的木頭。」遠方電鋸聲再度響起，過一會兒，我已經扛著屬於我的木頭走回我的步道。當泰德協助我把木頭上肩時，特別加了一句：「我幫你找了一段長度剛好的倒木，沒有砍活的樹喔！」

當克莉絲汀來協助我施設鞏固下邊坡的木樁時，我很高興自己的工作有了新的進展，而我的步道顯然會因此變得更穩固。

這回，我翻過普雷斯基斧頭的那一面，細細地為這段木頭去除潮濕的表皮，這層曾經在樹木活著的時候輸送營養與水分的皮，顯然因為倒在林間幾個日夜，已經吸飽水分開始腐朽，但裡層實心的年輪間仍找不到任何空隙，是塊堅實的好硬木。

去皮完成，我再問下一步。

克莉絲汀把木樁移動到步道靠下邊坡的上緣，突然跪到木樁旁，把臉完全貼在泥土上，一面用手持續轉動著木樁，我也跟著把頭湊在地面上看。

「我在尋找木樁與地面最緊密接合的角度，」克莉絲汀回答我心裡的疑問：「這就像是解謎的過程，你永遠不知道什麼是正確答案。」當你把眼睛跟地面幾乎貼近平行時，你會發現步道並不是水平的，而看來筆直的硬木實際上有它自然生成的扭曲，那可能記錄著每一年發生在此地的氣候變化：伸直的時候日照充足、彎曲的時候被大雪擠壓。而這兩個各自記載它們生命史故事的表面，卻能在耐心翻轉解謎的過程中，找到和土地接近密合的天然角度，只須再稍事挖掘微調，直到肉眼完全看不到兩者間縫隙的光線。

克莉絲汀將帶來的硬木枝條立在木樁旁，取代我們常用的鋼釘，要我用大槌子

（sledge hammer）把木釘打進下邊坡地下，用以固定邊坡木樁，防止水夾帶泥沙往下流時沖壞步道。我掄起像保齡球一樣重的大槌子，身體搖晃了一下，打下去卻沒擊中圓心，還差點打到幫我穩住木釘的克莉絲汀的手。她倒是不以為意，彷彿已經見多了這種手無縛雞之力的義工，輕鬆地鼓勵我再試一次。

搥了幾下之後，我開始抓住訣竅，不再浪費力氣把槌子高舉過頭，而以能命中目標的幅度，控制自己的手力，逐漸將木釘一吋一吋地埋入地面。直到我氣力盡失。

「應該就這樣了，底下應該碰到石層，沒辦法再深了。」我對克莉絲汀說。

她站起身來笑笑地說：「那我來試試。」只見她手臂高舉、每一槌都正中目標，木釘又往下移動了幾吋。我看著眼前這位金髮綁馬尾，個子比我矮小的副領隊，不可置信，她竟然這麼強壯。

我脫下手套檢視自己的痛處，虎口已經破皮了。

第三天下工走回營地的路上，我發現自己看這片森林及步道的眼光有了點變化，我開始注意步道的坡度、搜尋隱藏其中的設施，當我撫摸樹幹的時候，心裡衡量著它是不是一棵好硬木。

上乘工藝美學

最後一個工作天，我為我的步道進行完工儀式。首先，要為因木樁布設而產生的高低差填滿碎石，再覆以之前挖出的廢土，最後，克莉絲汀要我去找落葉。找落葉幹嘛呢？抱著滿腹的狐疑，費勁地在附近山坡斜面上蒐集了幾布袋的落葉。好在密林裡面，落葉一夜之間就滿布，而經過一整個冬天，落葉層密密實實地鋪在坡面上，而且相當乾燥。

當克莉絲汀要我把蒐集來的落葉平均撒滿我的步道時，我還以為只是為了美觀、自然裝飾而已。隔天再來看的時候，發現落葉經過一夜的露水濕氣，已與泥土自然混合，正在我的步道上發揮著保護坡面的功效。我滿意地踩踏著，腳底下感覺相當柔軟，而放眼望去，前幾日在此辛苦挖掘與布設的設施，幾乎完全隱藏起來，與周遭自然融合一體。

最後一個下午，我的段落已經完成，泰德忙著為其他段落進行收尾，我循著林間敲擊聲前去觀摩還在趕工階段的段落：那是一個複雜的木樁工法運用，該地正好位於之字形轉彎處，既要解決邊坡崩塌，又要鞏固內側山壁，以及施作上下斜坡高落差的階梯，因此木樁以框格狀巧妙組合布設；而木樁交疊處以類似榫接的方式，彼此角度嵌合卡緊在一起，幾乎不藉助鋼釘固定。

「銘，去幫我們找落葉！」泰德一面用大槌將木樁卡榫敲緊，一面大聲對我叫。

我趕緊回頭，到山坡上蒐集落葉，看來這一段也要完工了，另外幾位夥伴正在撿拾填塞的碎石。

我正專心蒐集落葉時，不知不覺走到比較遠的一處山徑附近，聽到有人在唱歌。轉過彎一看，是幾天來只有晚上回到營地才看得見的夥伴傑森（Jason），他手裡拿著一根移石鐵撬（Rock Bar），正站一排石階前面哼唱。順著他的目光看去，印象中那一段山徑前幾天還是一片難走的巨大亂石堆，現在卻已經變成井然有序的石階了。

我懷疑自己的記憶，就跟傑森打招呼：「嗨！你在這裡做什麼？」

他回頭看看我：「我把這段亂石重新鋪過，利用每個石頭的角度，還有一邊山壁上原有的石面，組合成新的踏腳石階，以後健行者經過這段路，就不用冒著危險在不穩的石頭上跳著走。」看我吃驚的表情，他繼續說：「我在這裡整整努力了四天，現在終於完工，正在為這段新石階寫一首歌。」我知道傑森富有音樂細胞，因為每晚天黑前，他都會在營地彈著五弦琴、唱著好聽的鄉村歌曲。

但是，「你一個人？用這一根工具？」（當時，我還不知道那個工具叫什麼名字）我下巴還是沒有收起來地問。

他微笑點點頭，沒有說話。後來我才知道，他是前任的資深領隊，也就是泰德的師父，原來小和尚見到傳說中的師祖啦！

收拾工具下山前，我抱著崇拜的心情，走到每一個工作點，不時蹲低身仔細打量欣賞完成的作品，不敢相信這是出自義工之手。彷彿在領隊的腦海中早已有完整的藍圖，而這份藍圖是基於對自然細微的觀察與縝密的計畫，並靈活運用現場的材料、地形，使人的施作與周邊景致相互協調，甚至隱藏其間。這簡直已經達到藝術的境界！

手工打造的價值

跟我在台灣所見千篇一律的步道完全不同，不同於出自冷冰冰、單調的電腦設計圖，這裡的步道構思，是建立在對環境的完整認識、傳承與不斷改良的工法，以因應現場微環境的千變萬化。

聽傑森說，每段步道平時都有當地步道俱樂部分段維護、巡邏，遇到需要大量人力、技術支援的步道問題時，地區步道俱樂部就會提出工作計畫；阿帕拉契山徑協會（簡稱ATC）本身也會派巡山員監測步道、回報問題。在排定每年工作計畫之前，阿帕拉契山徑協會、林務署、國家公園署的人會一起前往現場察看，並進行環境勘查與考古評估，以確認這項步道計畫不會影響到瀕臨危險的物種或古蹟。阿帕拉契山徑協會的委員會，依據現場的勘查與計畫書先列出各項工作需求，決定優先順序與工作時間，做好後勤支援跟籌備工作，而領隊通常都會到工作現場勘查很多次，然後才會帶著義工來到現場工作。

我突然想到自己在華倫帶領的戶外課程時，曾經在不起眼的角落瞄到類似的木樁或設施，當時我只以為「路是人走出來的」，而現在我才知道，「路是人做出來的」，而且只有「做過不留痕跡」才是上乘工法。而台灣的步道工程顯然是愈明顯愈好，改變要讓人看得出來才叫做「建設」。但是在這裡，工法要自然、隱密才好。

當我跟傑森談起台灣的步道，他完全無法想像工程器械上山作業的畫面，同時也對於從別的國家挖掘石礦，然後切割整齊、以船運進口的材料感到不可思議。

「那樣怎麼會適合當地呢？畢竟我們需要的石材有大有小啊！」而為了運送那些外來沉重的石材，還得開設施工便道讓小山貓、鐵牛車上山，平均每公里造價至少超過一百萬，「以投入的成本與消耗的資源來看，不是很沒有效率嗎？」傑森睜大藍色的眼睛問我，我啞口無言。

來此之前，我也跟在台灣成長的朋友一樣，對於步道的可能性缺乏想像力。當我在質疑石階鋪面的問題時，想到的答案只有木棧道或替代的材料，所謂多樣性與因地制宜，可能只是鋪面材料的多種組合而已；當然，更沒想過像我這樣沒有受過建築或景觀工程專業訓練，念的是社會科學、不會開怪手的普通人，也可以用自己的雙手拿簡單的工具做步道。

正如手工打造的皮鞋，其價值勝過於機械化大量生產的產品，前者更合腳、更能展現師傅的創意與手藝技巧。手工打鑿的工法技藝、善用手邊可用的自然素材，才更符合在地自然環境及山徑本身的個性。

雖然師祖沒有明示，但是從傑森為他的石階作品彈唱歌曲陶醉的神情，我想，小學徒入山拜師學藝的第一件功課，就是要把步道當成一門藝術來看待。

06 屋頂上的打擊手

總長二千一百英哩的山徑，連同支線、窄橋、指標、刻在樹幹上的標識，以及山上的小屋，都完全由義工維護。據說，阿帕拉契山徑確實是地球上由義工完成的最偉大工程。它始終維持沒有商業介入的光榮紀錄。

——比爾．布萊森《別跟山過不去》

「克里斯多福深入曠野，並不是為了詳細思考大自然或世界的一切，而是為了探索他自己靈魂的原鄉。然而，在曠野中待得長久，無可避免地會使人對外在或內心世界更加注意；住在曠野，但對大地或它所容納的一切沒有微妙的了解或強烈的情感依附，是不可能的。」讀完這一段，我暫時闔上《阿拉斯加之死》（*Into the Wild*）的書頁，抬起頭來看看營地四周，週間休假的一天，營地靜悄悄的，我在我的小木屋前看書打發時間，等待明天晚上第二個工作週報到的時間到來。下午的陽光有點刺眼，我起身搬動椅子到樹蔭底下，然後又坐回有靠背的椅子上，舒服地伸個懶腰，再把腳架在一截短木頭上。

書中主角克里斯多福·強森·麥克肯多斯（Christopher Johnson McCandless）大學畢業後，突然揹起背包從東岸家鄉一路搭便車到西岸去，流浪了兩年的時間，沿途打工、短暫停留，最後前往他的夢土——阿拉斯加，在史坦必德小徑（Stampede Trail）一輛廢棄的公車上，度過年輕歲月的最後一段日子。而我現在正在他的故鄉維吉尼亞州，靜靜體會他放棄一切優渥的生活，遠離親人走入曠野的心境。

克里斯多福讓我想到上週一起工作的夥伴寇瑞（Cory），他現在二十四歲，跟當時的克里斯多福年紀相仿，也是以打零工的方式過著流浪的生活，昨晚他向我說起最近一次停留最久的公社，他在那裡的農場工作，每天就是耙牧草、照顧牛。他結束了在此四週的停留，今天早上揹著背包離開，再度邁向他漫無目的搭便車流浪的生活。我一邊看著從洗衣房地下探頭探腦鑽上草地覓食的北美土撥鼠（Groundhog），古怪搞笑地扭動肥肥屁股，還不時聳動鼻子嗅嗅聞聞的模樣，一邊開始回想，二十四歲那年我到底在做什麼？

「嘿！銘，我們要去鎮上買東西，順便找家小餐館吃飯，要不要一起來？」預備連續在此工作兩週的大約翰（Big John），站在他的豐田小貨車車門前喊我，打斷我的思緒。

我抬頭回喊：「好啊！等我一下。」一週間休息的一天半，通常專職領隊們都會離開基地營，開車出去度過屬於自己、遠離義工的假期；而少數幾個想繼續工作、或是熟門熟路提早抵達的義工們，會繼續住在營區配置給義工的小木屋裡。

基地營距離最近的小鎮瑪利恩（Marion）車程超過半小時，只有在那裡有小店、餐廳可以補給食物。我是唯一沒有車的「行動不便」者，好在夥伴們都會熱情招呼我一起去參與他們的計畫，每次週間休息都能當「跟屁蟲」，跟著他們去不同的地方健行、休閒。

我們到鎮上一家保齡球館，發現泰德及其他幾個義工都在裡面，原來這天是營地主任（Camp Coordinators）大衛（David）的生日，大夥約好要陪他打一局保齡球。酷酷的大衛有一個女友瑪莎（Martha），他們兩個分別是二〇〇一跟二〇〇四的全程行者；隨後加入我們的巡山員凱文（Kelvin），則是二〇〇三年走完全程的。大衛平時負責管理基地營，為工作隊採買準備山上野地所需的日用品，沒事的時候，他就窩在宿舍彈電吉他。後來我們混熟了，當我在廚房煮泡麵吃時，他還會關掉收音機裡的鄉村音樂，一改平日的沉默，滔滔不絕地跟我討論美國如何看待中國的崛起，以及北韓試射飛彈的危機。

展開完美的一天

隔天下午開始報到，泰德、克莉絲汀跟大衛已經開始忙進忙出，打點團隊糧食、工具清點等，我放下書，自告奮勇幫忙核對與補充急救箱內的藥品。當廚房飄來夾雜著奶油、蕃茄醬與馬鈴薯的香味時，下週工作的義工也陸續抵達基地營報到。他們大部分都是一再回來的義工，我們點頭微笑，戶外一小群一小群的義工們聚集在草地上喝著飲料等待。

大衛準時晚上七點走到廚房外敲鐘，義工們魚貫進入廚房拿起餐盤裝菜，帶到草地上的野餐桌前坐下，彼此傳遞調味料，隨興地相互閒聊、認識。用完餐後，大家陸續將餐盤收到廚房的洗碗槽中，每到這個時候，我總會溜到廚房去幫大衛洗碗，因為生性害羞的我，在社交的場合常會手足無措，因此大衛很喜歡我。

八點開始的歡迎儀式，就是每週工作的開端。大衛照例歡迎義工們的來到，介紹阿帕拉契山徑協會跟康拉洛克工作隊的歷史及營地環境與規則，然後領隊、副領隊及義工們依序自我介紹。義工們來自各行各業，包括大學或中小學老師、醫生、護士、警察、律師、麵包師傅、銀行上班族、學生、退伍軍人、退休人士等，各自有不同的山徑經驗與來此的理由。以後幾週我發展出一套固定說詞，用蹩腳的英文反覆練習，然後行禮如儀一番，不知為何，每次我還沒說完，就有笑聲傳出。

天色全黑之際，歡迎儀式轉入室內的行前說明時間，領隊會帶大家看一段無痕山林七大準則的影片，說明工作安全注意事項、簽署工作保險合約、本週工作概況介紹。然後到工具庫房領取個人裝備，各自回木屋打包好，接著就等明天早晨六點的集合了。

好消息是，這星期我們要去天然橋岩（Natural Bridge）附近的喬治華盛頓國家森林（George Washington National Forest）山區翻修兩座山屋屋頂（Shelter Re-roofs），很期待又可以學習從未體驗過的步道工作；壞消息是，原本報名的隊友有三個人並沒有出現，而抵達此地跟我同隊的三位義工，都是七十歲起跳的老先生。我嘗試從領隊的眼睛裡搜尋訊息：是否對將帶著幾個老弱婦孺完成吃緊的工作感到憂心？不過，往好處想，也許跟行動緩慢的老人家一起工作，可以比較輕鬆。

早晨吃完大衛煮好的有炒蛋、薯餅、火腿腸的「最後早餐」，我們就要度過五個只有冷麵包、焙果加果醬、奶油的早晨與中午了。克莉絲汀已經把大衛準備的兩大箱食物冷藏箱搬上她的小卡車，還有六大桶的飲用水和工具，我們則把背包丟到十一人座的客車上，坐進去等待領隊開車。眼前包括位於羅傑山森林遊樂區（Mt. Roger National Recreation Area）的基地營、車輛、設備與食物等，都是由林務署（Forest

Service）根據與阿帕拉契山徑協會簽訂的備忘錄所提供的。

阿帕拉契山徑是美國國家步道系統最成熟的案例，漫長的二一七五哩山徑是由獨特的公私部門合作夥伴關係所經營管理，包含土地所有部門的國家公園署、林務署、許多州立公園，以及民間組織的阿帕拉契山徑協會、三十個地方步道俱樂部等。依據一九六八年通過的國家步道系統法，政府部門負責取得步道以及兩側約一英哩的緩衝廊道，使得整條山徑有百分之九十九都納入公有土地的保護，成為線型的國家公園帶。民間團體則負責召募義工、推廣與募款。前不久國家步道系統法更修改為「完全運用義工的協助」，義工對於步道所承擔的責任也逐漸加重。

開上八十一號高速公路，伴隨著鄉村音樂電台的放送，大約兩個多小時後轉下交流道，開始往山的方向奔馳。我睡了一覺，再醒來時，車子已經停在一道柵門前，領隊正在跟前來會合的林務署官員，以及當地天然橋岩阿帕拉契山徑俱樂部（Nature Bridge AT Club）的會員打招呼。柵門打開後，車子沿著長滿雜草的林道繼續開到一處寬闊的林間空地，大夥兒幫忙把車上的東西卸下來，副領隊帶著一個夥伴在搭建臨時廚房，設置垃圾分類袋；兩個老人扛著鏟子到林間挖掘野地廁所；我則奉命拿著普雷斯基在廚房附近挖掘過濾廢水的洞，然後放上底部打洞的桶子，桶子裡面放枯枝落葉，最上面再覆蓋一層活動濾網，往後幾天我們所產生的廢水，都要集中在此過濾，再回到自然，裡面的殘渣則以垃圾處理。

公用野地設施都完成後，我們才各自尋找睡覺的位置，搭起自己的帳棚，把背包、睡袋都放進帳棚內。完成這些事情，已是午餐時間，我們各自拿出早上用密封袋包著的麵包，就地解決午餐。這是一個炎熱的午後，林間連鳥叫聲都沒有，真想找塊樹蔭，把帽子蓋在臉上，好好睡個午覺。不過，領隊已經站起來，我正猶豫著不知怎麼處理吃完午餐留下的密封袋，通常美國人都是用完丟進垃圾袋，但我想重複使用，以免使用過多塑膠製品，可是又不好用山上有限的飲用水清洗，只好塞在口袋，當成隨身垃圾袋。

老當益壯的銀髮義工

在濃濃的睡意中揹上工具，轉頭看看三個老人家，心想今天下午的健行可以緩慢愜意。

不料出發以後，三位老人就大步邁開，距離愈拉愈遠，我開始加快腳步，在第二個轉彎處，他們已經彎過彎道；到第三個轉彎處，只見最後一位老人家的背影；第四個彎道以後，我一路追趕，一個多小時都沒看見人影。

我氣喘吁吁直到工作點停下，他們已經坐在預先堆放好的幾袋屋頂材料（Shingles）上面，看來久候多時。不待我卸下工具，他們又起身，一人多揹一袋材料往下坡山屋走去，我也趕緊上前接過領隊放上肩的材料，一下子差點直不起身來。這袋黑色有點像石化製品的屋頂皮，比我預期的重很多，我一路吃力地穩住步伐下坡，一面確保材料不至於從肩上滑下。等我放到山屋旁的空地之後，再轉身上去搬運加強屋頂的厚木板層，心裡暗暗叫苦，我偷偷打量四周，當地俱樂部也來了兩位老者，他們扛著沉重材料仍能一馬當先，跟我預期的完全不一樣，讓我想起「龜兔賽跑」的教訓，真是不能輕視老人家。

所有工具材料就定位後，天光將盡，我們用防水布把東西藏好在樹林間，就可以各自以喜歡的速度慢步回到紮營地。這一段山徑沿著小溪流蜿蜒，一路聽得到窸窣低語的流水聲，山徑兩旁都是參天大樹，水邊許多不知名的野花都開了，樹上也滿開一種粉白色的小花，我向前靠近拍照，又湊近鼻子聞聞有沒有香味。

突然，背後響起宏亮的聲音：「小心！別太靠近，你會得花粉熱！」我嚇一跳，回過頭看原來是其中一位老人家，他看起來很像頂著短髮的貝多芬。老人家們白髮蒼蒼，看起來都很像，名字我又記不住，後來我以他們名字的第一個字母，在心裡暱稱他們為A、B、D老人，這回發話的是D老人。

回到營地後，老人家們都坐在那裡等開飯。D老人問克莉絲汀：「晚餐什麼時候會好？」我趕緊乖乖開始拿出「大衛祕笈」的今日菜單，回答：「應該再半小時就好。」D老人繼續咕噥著說：「我在家裡微波電視餐（TV dinner，邊看電視邊吃的冷凍速食餐），只要十分鐘就好了。」我繼續把材料依序拿出來，克莉絲汀來幫忙切菜。A老人坐在旁邊侃侃而談他去當西耶山社（Sierra Club）的領隊，都有配置廚師同行，完全不需義工動手，而且連領隊自己都要交二百九十五塊美金，不像阿帕拉契山徑協會的領隊還可以領薪水。接著就滔滔不絕地向眾人說明他的領導統御帶隊技巧。

我們在老人家們碎碎念的背景聲中，開瓦斯煮起每週第一天固定的希臘式義大利麵，往後每天雖然換成墨西哥豆飯、捲餅夾炒什錦醬（Sloppy Joe）等不一樣的菜單，但是其實每週菜單都一樣，每天都是番茄醬、番茄醬、番茄醬，以每天的工作量，加上無止盡的番茄醬罐頭晚餐，我想此行應該會變瘦吧！

沒幫忙煮飯的義工，要負責飯後洗碗。三位老人倒是很主動地跟領隊一起把三個盆子拿出來，第一盆注入洗碗精、第二盆清水、第三盆加入消毒劑。在基地營的廚房洗碗槽也是如此，似乎是標準化作業流程，因為在山上，每盆水都節省著使用，聽說這是洗得最乾淨的省水方法。我不知道最後碗上殘留的化學物是否已經洗淨，他們將鍋碗刀叉用抹布擦乾，放回行動箱中，然後把用過的水倒入我挖的濾水桶。

我回想在台灣的山上，我們每餐都煮少油的餐點，最後煮開熱水加到每人的鋼杯裡，把筷子伸進去攪一攪，就當作湯喝一起進了肚子裡，最多用一點草刷鍋子，把水倒掉，完全不用清潔劑，也許更符合環保的要求吧！

飯後閒聊一陣，睡前我想去上廁所，起身到野外廚房的架上拿公用上廁所專用包，裡面有一卷衛生紙跟一瓶酒精乾式洗手劑。要上廁所的人一定要帶著這個專用包，這樣就不會發生撞見的尷尬場面。我打開頭燈，跟著綁在樹上的螢光布條去找挖好的野地廁所。當頭燈照到路旁插著的鏟子，順著土堆看到廁所的洞，低頭看看自己腳下的林道，真是傻眼，兩位老人家竟然就在路邊挖了一個長兩英呎半、寬十英吋的長型洞，洞當然挖的很標準，只是在路邊，毫無隱蔽，這真是尷尬啊！老天保佑我白天不會想上廁所才好。

上屋頂，下不來

回到昨天放置工具的山屋前，領隊架好梯子站上屋頂查看，隨即展開任務分配。我們先翻修的是布朗山溪山屋（Brown Mountain Creek Shelter），山屋屋頂原本是採用美洲栗樹（American Chestnut）的木材做的，是早期美國木屋屋頂最堅固耐用的材質，但是現在上面長出了小樹、屋頂底下爬滿了白蟻，在當地山徑俱樂部連續兩年向阿帕拉契山徑協會提出申請之下，工作隊遂來此跟他們一起翻修屋頂。[6]

首先要用鏟子將舊屋頂一片一片剷掉，用小榔頭拔去上面所有釘子，然後在底板上加釘一層木板加固，再鋪上新的防水層，最後再一片一片覆上石化材質的屋頂材料；另一組人負責油漆山屋牆面，以及將廢材分類處理。我們人不多，兩組人手可互相交替工作。

我被指定第一批上屋頂。我邊爬梯子邊往下看，想起小時候上屋頂的經驗，那時我們家左鄰右舍都是日式黑瓦片，我曾經走在上面玩，不小心踩破人家屋頂，還差點往下滑，因此對屋頂存有揮之不去的恐懼。每一段時間看到屋主買來一些瓦片，自行上去替換時，我總是在旁邊既好奇又崇拜地觀看。但這會兒是自己要上屋頂，我的手始終不敢離開屋頂斜板，盡量坐在兩斜面交會的屋脊上，用屁股移動，以一種古怪的姿勢將手伸長去剷除木片。

好不容易，領隊宣布兩組人馬交換，我才得以從又矖又高的屋頂上，兩腳發軟地爬下

6 山屋屋頂每隔一段時間就要檢修，以免植物附著生長、或因風吹日曬雨淋而毀壞漏水。修建山屋有幾項需要特別注意之處，比如去除屋頂片與布滿釘子的木條等廢材時，需特別注意山屋底下行經人員的安全。加固木板層時需仔細精準測量，以免木板間無法密合；並且要先將屋樑、橫木位置用水線標出，釘子確實釘在屋樑上，方為牢固。「鋪防水層」是修建屋頂最後一道工作，應由下往上，一層上疊一層，才會美觀且讓雨水順著屋頂往下流；到了屋脊交會處，還必須在最上面一層的屋頂皮上再加釘一層屋脊皮，雨水才不會從縫隙中滴入屋內。

來。我繼續接手清除山屋內部的鳥巢、蜂窩，以及牆上的釘子與塗鴉。然後拿著一桶油漆跟刷子，抬頭舉手刷油漆。雖然脖子跟手很痠，耳鼻則被頭上傳來的敲打聲，以及不時落下的灰塵和刺鼻的油漆味，弄得暈頭轉向，但好處是，有屋頂的遮蔭，可以避開毒辣的太陽。

隔一陣子，領隊又把我跟清理廢材組調換，讓每個人都可以做到不一樣的事情。這部分工作就是撿拾屋頂拆下來的木條，一一拔除釘子，將釘子放在一堆，準備帶下山回收處理，至於木條就在山屋旁的營火位置生火焚燒。

我認為，凡是作木工的人，都應該自己來拔釘子，這樣子在敲釘的時候，就會愈發熟練自己的技巧，以免老是釘歪，多用了很多釘子，最後又難以去除。此時，旁邊的火堆正熊熊地燃燒著，每丟進一批木條，火就益發旺盛，冒起來的煙嗆得眼睛發疼。

記得以前課本裡有段課文，大意是這樣說的：「如果眼睛怕尖的東西，就在眼前擺些尖的東西，看久了，自然就不怕了。」忘記是哪一位聖人說的，因而此刻我想克服自己的懼高症，於是在換手時又自告奮勇地上屋頂去釘防水層。

B老人大概看出我的害怕，原本想搶過梯子要代替我上屋頂，我先前留意到他釘釘子的手會抖個不停，但他總是跟我搶工作做。不過，這回我堅持要自己來，我嘗試讓自己保持平衡，用兩隻腳站在斜斜的屋板上，我只能相信腳上這雙新登山鞋的抓地力，然後慢慢放開雙手，讓自己可以一手拿釘子，一手拿小榔頭，小心彎身去釘，只用雙腳移動身體。

釘釘子也是一門學問，剛剛在拔釘子時想得太容易了，事實上要把一根長釘子直直釘進屋梁中，真是困難重重，又要保持身體平衡、又要拿穩榔頭使勁敲，還得要敲得準，右手不是敲到拿釘子的左手，就是手放開後，釘子愈敲愈歪。我學當地俱樂部會員從邊邊敲正，再繼續敲，但開始時，還是不得不拔起來，從腰間工具袋中再取換釘子重釘。

第二座山屋

等到翻修第二座山屋屋頂時，我已經可以在屋頂上直起身走來走去。

這次是在一座由水獺築起的池塘邊的潘趣酒碗山屋（Punchbowl Shelter）工作，休息時還可以在池塘邊上找到留有水獺齒痕的樹幹，塘裡住著很多山椒魚。不過這個山屋跟另一座山屋距離很近，原則上，在阿帕拉契山徑每隔七英哩應設置一座山屋，但實際上很多山屋相隔甚遠，而且密度不高，這兩座山屋距離僅有四英哩，是很不尋常的近，通常健行者只會擇一居住。查看山屋內留言本上的日期，這裡似乎比較少健行者前來，可能是此處距離山徑較遠。但根據來看我們工作的林務署官員說，這個地方很「陰」，前不久才發生一個小男孩，不知怎麼走離父母身邊，幾天後，在此山屋旁的池塘發現屍體。我抬望四周，這裡曬不到太陽，突然覺得有點毛毛的。

不過，曬不到太陽的好處是，上屋頂工作比較舒服，偶爾林間還會吹來涼風。這回領隊宣布，因為克莉絲汀明年要升任正式領隊，她正在學習翻修屋頂，因此第二座山屋就由她領軍調度。克莉絲汀和我一樣，也在極力克服懼高症。這會兒大家已經有經驗，動作起來特別快，而且這座山屋屋頂原本就是石化材質的皮，剷除及拆拔釘子都比較容易。

已經被大家封為「愛問為什麼的銘」的我，還是忍不住問，顯然石化材質也長青苔跟小植物，而美洲栗樹樹材堅硬許多，為什麼阿帕拉契山徑協會不嘗試尋找更能符合「就地取材」精神的屋頂材料呢？或者，我突發奇想地問：「做一個太陽能屋頂怎麼樣？」

「很顯然的，山屋不需要用到電，」克莉絲汀耐心地說：「在山裡面活動，天黑就該休息了，有電燈反而會打擾其他人，大家也會因此鬧到很晚。在山徑上尋找僻靜、遠離現代文明，這才是阿帕拉契山徑協會的宗旨。至於屋頂的材質，我想你問的很有道理，我們從來沒有仔細思考過，採用現代一般常用的屋頂材質有什麼問題？或者有沒有更好的選擇？我們會在工法討論會議上提出來。我建議你可以去走大煙山國家公園那段山徑，那裡的山屋屋頂是用鐵皮做的，比較不容易損壞，而且設計上不像這裡是兩個斜面，而是一個斜面跟一個垂直立面，藉由開窗來做自然採光，那是一種比較新的作法，你可以比較看看。」

這天下午釘完加固木板層後，意外發現第二塊木板部分突出於原有的底板，因此當要拼湊其他兩塊木板時，出現尺寸不合的問題。現場立即召集了緊急的討論會，工作隊與當地會員俱樂部的幹部面色凝重，大家不斷討論嘗試找出問題，以及補救的辦法。結果發現木板在切割時可能有誤差，而原有的木屋頂施作時可能也有一點偏誤，以致在釘第一塊木板時，對齊了屋脊跟斜板兩側，第二塊卻無法對齊斜板下緣，因而在木板上量測畫定的釘距與屋樑實際位置有些微出入，雖然差不到一英吋卻影響巨大。這下多出一道裁切程序，當地俱樂部的人有帶一種小型手電鋸，幾個老人家就跪在地上，依據領隊用皮尺測量的修正線，進行幾塊木板的裁切工作。

等到木板層底定後，大家才鬆了一口氣。為了趕上進度，我們全都上屋頂，同時進行隔水層跟屋頂皮的作業。我用嘴巴咬著釘子，空出兩手，扶穩釘子拼命敲，準頭已經變好，但是初始幾槌釘子仍然容易歪掉。領隊在旁看我十分挫折，就把他自己買的好槌子借我，我本以為沒什麼差別，但是快速揮舞時，可以感覺到好槌子的重心集中在槌頭中心的生鐵，而且手把比較沉，雖然揮動較費力，但是彷彿錨定在軸心，可以穩穩直直地將釘子三槌就埋入屋樑內。領隊看到我吃驚的神情，笑一笑說：「現在你知道我為什麼要花這麼多錢買一把自己的槌子了吧！」

我繼續用領隊的好槌子，加快速度鋪好屋頂皮，最後在騎牆屋脊處再補上正方形屋頂皮。我和領隊合作無間地工作著，沒有察覺其他人已經下屋頂無事可做。領隊拿回槌子，要我幫他墊好屋頂皮、遞釘子，讓我留意他使槌子的方法。果然他的速度比我更快，我也同時加快補位速度，縮短等待的時間，幾乎完全不停。剩下最後幾片時，他叫道：「嘿！你真的不讓我有空檔休息啊！」我喜歡快速把事情完成，愈接近完成鬥志愈高，終於我們扣除交通跟運送材料的時間，居然只花了兩個工作天就完成兩座山屋翻修。

爺爺泡的咖啡

B老人每當閒下來，就會很親切地問每個人要不要喝咖啡，即使是在睡前。每次我們圍坐著閒聊，看他起身去弄咖啡，我就會捧場地說，「好，我也要一杯。」這天晚餐過後，我就著剩餘天光，等著B老人的咖啡，繼續跟著克里斯多福流浪。

具有英國長者風範的A老人出聲問我：「你在讀什麼？」我把書給他看，突然引起一陣騷動，原來大家都沒看過中文書，他們對中文的方塊字，以及由右到左直行的編排方式感到萬分驚奇。有人發現英文書名（那是他們唯一看得懂的字），討論更加熱烈，原來這本《*Into the Wild*》人人都看過。

克莉絲汀跑去拿出筆記本，要我教一些日常用語，比如「早安」、「你好」之類的話，大家也興起跟著學，克莉絲汀要我幫他寫下中文字在他的拼音旁邊，於是我就從象形文字開始講起，畫出分解圖來介紹中文字的構成，比如「旦」，就是一個太陽從地平面升起，每畫出一個字，大家就傳閱、嘖嘖稱奇。

這下話題轉到認識台灣來了，意外的是，不經解釋，三位老人家都知道台灣的正確位置，以及與大陸之間的關係。原來，他們都來過台灣。

B老人是空軍，在一九五〇年代跟著美軍駐防台灣，他說台灣是福爾摩沙；D老人是海軍，駐防沖繩，但某次在海上遇到颱風避入基隆港，還上岸到台北去玩；A老人曾經在打越戰時移防過台灣，他的兄弟在韓戰中戰死。

這下我終於知道為何他們揹上工具就像急行軍一樣，還常常把我當作傳令小兵，呼來喝去的。他們到台灣的時候，我甚至還沒出生，因而他們談論的台灣印象，把我帶到自己從未經歷的台北時空，想像裡中山北路還滿是美國大兵的場景，想像與現實、過去與現在，時空的錯置與交會，感覺當時的台北與眼前的老人家們都突然親切起來。

領隊開始升起營火，反正大家還不想睡。當地俱樂部的道格熱情地要跟我「語言交換」，他教我講西維吉尼亞腔的俚語：「We got'r cone by God.」要我反覆練習，並且記得在完工後要大喊這句話，大意應該是「做完了」的口語講法；他們要我教這句話的中文翻譯，我在腦中搜尋半天，應該是「搞定」吧！大家就樂得一直連聲說「搞定」。接下來，我每教一句中文，就要同時教大家講國、客、台語三種說法，可惜我不會原住民的語言。這天鬧到很晚才睡。

山裡的晚上，領隊們常要講笑話，以帶動氣氛鼓舞團隊。上週泰德唱作俱佳地講了一個向牧師告解的笑話，他模仿電視上布道大會激動的牧師，活靈活現的，雖然我聽不太懂那些含有文化脈絡的笑話，但是看到他的動作，還是會跟著大家一起笑。可是，連續聽過幾週重複的笑話以後，我漸漸笑不出來了，他就開始想別的笑話。我拍拍他肩膀說：「你知道嗎？其實我從來都沒聽懂你講的笑話，可是每次我都還是會笑。」他大笑之後，大家決定輪流講笑話，然後看我會不會笑、聽不聽得懂。結果，我的表情一片茫然，直到克莉絲汀講了一個「鴨子」的笑話，伴隨著可笑的動作，以及簡單到不行的單字，這回我笑得不可扼抑，大家因而樂不可支，我突然覺得自己像古代的褒姒。

最後一天傍晚回到紮營地時，我覺得頭很重，全身痠痛，很想睡覺，於是向領隊說了一聲就鑽進帳棚躺下。其餘三位老人趁著時間還早，去附近的溪邊洗澡。

這一覺我睡到晚餐都做好了才勉強醒來，感覺自己發著高燒，完全沒有食慾，D老人煮好了墨西哥豆飯，B老人關心地詢問症狀、勸我多吃一點。A老人又滔滔不絕開始說起他的野外求生知識，他提到一種小到看不見的蟲；昏昏沉沉中聽說剛剛他去溪裡洗澡時，在身上發現一個小小的黑點，是一種名叫「硬蜱」（Tick）的八腳節肢動物，微小到跟蟎差不多大，一旦被附著就很難去除，通常會傳染可怕的疾病，例如萊姆病（Lyme Disease）、恙蟲病之類的，嚴重會致死。他好不容易用力才把它抓下來捏死，並再三強調這種蟲的恐怖，要大家特別留意。當時我只當自己在屋頂上中暑，睡一覺就會好，誰知昏睡一直持續到隔天，早上差點起不來，回程車上依舊昏睡不醒。

最後的晚餐

勉強支撐回到基地營，義工們要分工把本週使用的裝備清洗、歸位。有人負責洗車、洗刷工具；有人負責沖洗帳棚、晾曬；也有人要負責清理食物箱，將沒吃完的冷凍食品與蔬果奶蛋全部丟棄，清洗鍋碗瓢盆，做垃圾分類等。我負責在廚房裡面清理食物與碗盤，雖然捨不得丟棄食物，但是大衛的職責是提供義工「安全的食物」，因此他堅持我一定得把沒吃完的生鮮都丟棄，我漸漸了解大衛工作的難度了，團隊的食物分量真難拿捏！

好不容易清理好公用裝備，我們才各自回小木屋放下自己的背包。為了讓自己有精神參加晚上的慶功儀式，我拖著疲倦的步伐去淋浴間沖澡，希望清洗掉一週的髒污，也將疲倦感帶走。洗澡時我在自己腋下發現一個小黑點，搓洗半天都洗不掉，腦中浮現A老人的話，當時我還當他臭屁亂彈，現在我突然如雷灌頂，開始拚命摳那個黑點，邊用熱水拚命沖，奮戰了老半天，但就是拔不下來，我愈發覺得自己生命即將邁向終點，我可不想像克里斯多福一樣，年紀輕輕就死在同樣有「阿」字開頭的夢土上啊！

大約二十多分鐘後，我想牠可能鬆口了，或硬是被我拔下來，A老人的話隱約出現，我記得他說這種蟲外殼很硬，根本捏不死，壽命很長，會不斷尋找新宿主，我手腳冰冷地趕緊把牠沖到排水孔裡面，希望不要有下一人受害。然後又花了十多分鐘仔細檢查自己身上每個角落，有沒有不是痣的可疑黑點。總算，我擦乾身體，換上乾淨的衣服出來，外面已經排了兩個人等著淋浴。我又把衣服仔細看過，通通丟進洗衣機裡，按下強力清洗。等到一切安頓好，我發現自己高燒已退，而且精神變得非常好。

帶著感謝A老人救命之恩的心情，我彷彿獲得重生般，跟著大衛的晚餐鐘聲，走進廚房吃美味的蕃茄醬口味晚餐。A老人還是權威地向聽眾說明他在社會上的諸多歷練，D老人還是忿忿不平地咕噥著難吃的晚餐，B老人在旁邊抖著手用叉子把食物送進嘴巴，我卻很開心地看著他們每一個人，然後告訴A老人，剛剛我真的發現了蜱。立時，A老人臉上轉為擔憂，緊張地問我：「拔下來沒？」D老人不改黑色幽默地表達關心：「好在你沒死。」B老人則不讓我起身洗碗，他說：「你生病了，要休息，我來收碗就好。」然後抖著手拿走我的碗盤。幾天下來他們都把我當作自己的孫子，我知道他們是真的擔心我。

大衛宣布了溫馨晚會的開始，義工們完成一週四十個小時的工作之後，就會得到一件市面上買不到的步道工作隊T恤，這件T恤從一九八七年康拉洛克工作隊成立以來，每年都徵集義工設計圖案，T恤上印著年分及當年度的獨特圖案，上星期以來我就發現，身邊大部分義工身上都穿著不同年分的T恤，他們都是一來再來，這星期我的三個爺爺也是這樣。而即使我工作六週，也只能獲得一件今年度的T恤，看得出來這件T恤得來不易，穿著它的義工們都驕傲不已。

兩組的領隊、副領隊各自逐一感謝義工，他們會先介紹這週完成的團體工作成果，然後一一說出對每位義工獨一無二的評價與感謝，再致贈T恤、熱情擁抱，歡迎大家再回來。

上週我得到的評語，就是他們對我「一千個為什麼」的深刻印象，這回又對我在屋頂上的快速打擊讚不絕口，並用學到的中文向我說「謝謝」，然後宣布我為本週的第一名義工（No. 1 Volunteer），雖然我已經穿著上週得到的新T恤，但是他們又準備了一把瑞士刀送給我，面對這些，我總是不知道該用英文說些什麼。

晚上我們一起坐在庭院喝啤酒，A老人已經開車離開；D老人還是兇兇地問：「我每年都是第五週來工作，你明年這個時候會不會回來？」B老人則悠悠緩慢地說：「銘，我明天早上一大早走，現在跟你乾一杯，先說再見！」我不知為何有點難過，但馬上逗他開心地說：「那明天我早點起來，再喝一次你煮的咖啡。」老人家高興起來，起身說：「那我要早點去睡，這樣明天才可以早起幫你煮咖啡。」

我跟B老人的最後一個早晨，我依約早起，他比我更早就站在廚房熱騰騰的咖啡機前，我們邊喝咖啡，他邊說：「我已經來這裡工作十幾年了，每年都只能來一週，因為我老婆身體不好，我要照顧她，可是我還是很想要來工作，所以只能勉強挪出一週的時間，請朋友去照顧她幾天，」他頓一頓，繼續說：「我自己現在也老了，但是只要還能動，我一定會來，我會做到死為止。銘，我不知道我明年還能不能來，如果我來了，希望還可以再見到你，跟你一起工作真的很高興。」

我的淚水在眼眶裡打滾，我的理智告訴我不能隨便承諾自己做不到的事，因為這可能是我此生唯一一次在此工作，我只能跟B老人緊緊擁抱，邊安慰他：「你放心，你的身體還很好，走路比我還快，每年都可以來的，別擔心！」我壓抑著不讓自己哽咽地說完這句話，但眼淚早已落下。

後記

自工作別後，每年聖誕節我都會寄卡片給三老人，他們也都勤於回信。二〇〇八年書即將付梓前夕，接到B老人的回信，信上傳來噩耗，他久病纏身的太太數月前過世，字裡行間透露著失去老伴的孤單。今年康拉洛克工作季節，他仍然如常前來，雖然很開心見到老朋友，但也感傷身體大不如前。

07 山椒魚與樹根的哲學

我們讓這棵死去的老樹，在它已無法再受用的陽光下乾燥了一整年。然後，在一個清爽的冬日，以一把剛剛銼好的鋸子，朝它形同堡壘的底部鋸下，芬芳的歷史碎片從鋸子切入的地方飛濺出來，堆積在兩個跪著的鋸木者之前的雪地上。我們感覺這兩堆鋸屑不只是木頭，它們是一個世紀完整的橫切面；我們的鋸子來來又回回，十年又十年地，切入以同心圓年輪寫成的生涯年代記中。

——李奧帕德《沙郡年紀》

從阿帕拉契山徑右側往上切出步道，泰德帶我們鑽進一片樹林，沿著樹上綁著的螢光布條前進，在及腰的草叢中泅走，背上工具不時被樹枝勾住，必須等待後面的隊友協助解開。螢光布條的終點，接上了一條開挖到一半的泥土路，路面還不平整，上下邊坡的邊緣也還不清楚，還有一些灌木雜草散生。原來這裡就是本週要開新路（relocation）的工作點，目標是完成接回山徑主線的最後七百英呎。

在泰德與當地羅納克阿帕拉契山徑俱樂部（Roanoke Appalachian Trail Club，簡稱RATC）的幹部一同拿著橘色小旗、確認新路徑時，我們要先往前修整去年開闢到一半的步道，讓這條閒置山中半年多的路徑更像樣一點。

這次不用交代，我蹲好弓字型馬步，開始彎腰挖掘邊坡。接近中午的時候，我遇到了一個難題。在我負責的段落有一棵直徑大約二十公分的樹，樹身已經長到超過我身高的兩倍，樹頂分枝上長出了春天抽發的新葉。我打量前後，這棵樹正好位於下邊坡線再內縮幾英吋的位置，如果要與前後對齊，就勢必要砍掉它；但我想它就在邊緣，並不直接構成健行者的阻礙，應該可以留住，等它再長大一點，或許就會成為健行者歇腳的靠背，或至少是一片提供涼風的遮蔭。

難題，砍掉一棵樹？

「是的，這棵樹必須砍掉！」當我詢問泰德的意見時，他很肯定地告訴我。當這棵樹繼續長大，它的根系將延伸、浮出到步道上來，可能會絆住健行者的腳，到那時候，還是得做出砍掉的決定，不如趁著它是小樹的時候，可以較不費勁地砍掉。

我被說服了，明白他是對的。心情複雜地轉過普雷斯基的斧頭那一面，這一次，我得扮演奪去植物生命的角色。普雷斯基是一種很神奇的工具，發明它的人，把創造生命的鏟子與掠奪生命的斧頭兩種工具結合一起，相當便利，這把工具從此以他為名。而拿著同時具有兩面性的工具的人，可以感覺到上帝抉擇生命的角色並不好當。

最後一次輕撫活著的樹身，為自己做好砍樹的心理準備，腦海浮現李奧帕德說的，有關自然資源保護的論述，「最好的定義不是用筆寫的，而是用斧頭寫的。這件事關乎一個人在砍樹時，或者決定該砍什麼樹時，心裡在想些什麼。一個自然資源保護論者會謙卑地認為，他每砍一下，就是將他的名字簽在土地的面孔上。不管是用斧頭或用筆，每一個簽名自然都是不同的。」

呼出一口大氣，我開始揮動斧頭，要由上朝下先砍出一邊凹槽。第一斧砍下去的時候，握住普雷斯基木柄的手被強烈地震回來，樹幹只略微去掉一點皮。我的肩膀再用一點力，腰也跟著揮斧的節奏與方向扭轉。斧頭切進去一點了。

我對植物的種類、名稱相當無知，無法從掉在地上的碎片、或砍進去的年輪來判斷。眼前這棵小樹究竟是在什麼時候生長在此的，也許是五年前這段改道計畫開始不久，它就生根發芽了。或者是在一九三六年這裡劃設為傑佛遜國家森林（Jefferson National Forest）之後，附近的母樹掉下一顆種子在此；而當時阿帕拉契山徑在它遠遠的下方通過，穿過西維吉尼亞與維吉尼亞州交界的山區。

如果沒有改道計畫，這片森林也許位於劃定的三分之一伐木區內（Timber Harvesting Areas），成為未來用做家具、造紙材料的商業林，當它們再長大一些，也許就會成為你家木頭書櫃的隔板，或是書架裡面的書頁；或者幸運的話，位於被永久劃定為荒野區（Wilderness Areas）的小範圍內，將不會有人前來驚擾這片森林。

但是現在，因為原來的山徑被踩踏毀損，而且續行有一段相當長而陡的上坡，因此阿帕拉契山徑俱樂部建議取道平緩的路線翻越稜線，讓原有路跡恢復自然植生，就像輪作一樣。而所選擇的路線最後經過這棵小樹身邊。

連續不斷地揮動斧頭，樹一邊的凹槽已經深入核心。停下斧頭，讓震得發麻的手臂休息一下。第一次真正砍一棵樹，才開始了解李奧帕德說的「土地倫理」，創造與毀滅、生與死並非好壞分明的兩種對立價值，而是共同構成了自然的完整與穩定。

身為自然的一部分，我不確定自己的決定是否適切。但是透過斧頭，卻能閱讀大自然的歷史扉頁。徒手砍一棵樹的過程，讓人增加對樹強韌生命力的敬意；而發明電鋸的人，雖然讓人縮短了砍樹的時間與麻煩，卻也讓人愈發容易遺忘、忽略歷史。

吃過午餐回來，換邊繼續砍，這回另一邊的凹槽不須砍到核心，樹就開始沿著斷面扭曲，伊呀地轉了半個圈，折斷倒下，核心仍然連著。我把樹的上半截切斷拖開，繼續清除餘下的樹根。嘗試搖晃剩餘的樹幹，想要測試樹根的深度，樹仍然文風不動。我只好

順著樹基的邊緣挖掘，每每揮鋤掘地，碰到的都是廣泛而糾結的根系，整個下午，我都在與樹根搏鬥。記得第一週清除橫亙步道上的樹根，那僅僅是上邊坡大樹往步道伸展出來的眾多副根之一而已，約略一個小孩手臂般粗。為了斬斷浮出的那段副根，付出極大代價，那把普雷斯基的鐵器部分，因為不斷震動而差點飛離木柄，回去後列入無法修復、必須汰換的裝備清單。

當樹根完全埋在地底，你無從預測它伸展的範圍有多寬廣，因而很容易輕忽你的工作。如果你曾經仔細觀察一棵因風災倒下的樹根，裸露出地面的高度將近一個人的身高，再回頭注意它掀翻的土壤範圍與深度，你將會重新評估自己所做的砍樹決定。

這天結束在遠方的雷聲轟隆響起時，我疲憊地披上雨衣，準備返回紮營地。

「小心！這樹洞裡面有一窩蜜蜂，繞過去！」阿帕拉契山徑俱樂部的夥伴好心提醒我們。我繞道而行，眼前幾隻戒備警告的斥堠蜂不斷飛舞，用牠尾上短短的針刺，企圖逼退我們的入侵。牠們賭上生命的天真舉動，突然讓我想起聖艾修伯里（Antione de Saint-Exupery）在《小王子》（Le Petit Prince）的書中寫星球上的玫瑰，那朵驕傲的玫瑰，天真地相信身上的四根刺就能抵禦星球上的攻擊。於是我停下腳步，與當地俱樂部的會員討論，新闢步道至此能否做一個彎曲，繞過這棵樹蜿蜒前進，泰德要我趁大雨前離開，他會留下來確認怎麼做比較好。

隔天回到工作現場，再經過這棵樹，只見樹幹已經被電鋸截掉，剩下短短的半截，四周空氣裡有濃濃的汽油味，早到的俱樂部會員已經繼續把步道筆直往前開闢了三英呎。我驚訝地發現，他們將汽油灌入樹洞，用泥土封住洞口，打算將蜜蜂悶死之後，再回頭來處理現在變成杵在步道中間的樹根。

與山椒魚相遇

我不知道自己是否過於多愁善感，滿腦子不斷反覆自問：「真的有必要殺死整窩蜜蜂嗎？沒有更好的方法嗎？」因為語言的障礙與憤怒的情緒，一整個早上，我都處在抑鬱沉悶的工作狀態，就像這個季節、每日下午固定的大雷雨前一小時的空氣。

泰德示範開闢新路的作法，要我們以插在地上的橘色小旗為基準，左右各間隔一公尺站成一排，腳跟對齊橘色小旗，手臂伸直將普雷斯基高舉然後垂直向下落地的點，就是挖掘上邊坡的起點。我們必須完全挖除表層的植物、根系與腐植土，才能開始向下挖掘步道的雛形。為植物生長提供豐富養分、飽含水分的腐植層，對步道的維護工作卻是具有破壞力的，它會使步道潮濕、容易蔓生植物。而且腐植層組織綿密、糾纏各種植物的根系，常讓工具卡在其中，工作特別費勁。最困難的是，這一帶山區腐植層底下，敲到的都是碎石，要挖到泥土層並不容易。[7]

7 大部分的步道其實只需勤於維護即可，很少選擇改道或另闢新路；即使有，也僅限於微幅調整。[8] 通常只有當步道因過度侵蝕、崩塌嚴重不堪使用，或者因原路徑坡度過陡，健行者反映或地方俱樂部要求，才會慎重地會同阿帕拉契山徑協會、林務署、國家公園署討論，除了透過地圖確認外，也會一同實地勘查選線。新路亦應盡量避免破壞原有植生，可採蜿蜒迂迴的路徑，避免筆直穿越。阿帕拉契山徑協會通常逐年改善山徑過陡路段，以腰繞改道或之字形（Switch Back）繞法為主。腰繞改道最大坡度通常不超過百分之十五，且轉彎處不能向外傾斜，要讓水沿步道內側流開，挖除的廢土也不能堆積在下邊坡，應在下方設置護坡，以免影響下方步道穩定。至於之字形轉彎處，通常會用木樁或石塊組合出階梯、護坡、導流木等設施。

「叮，叮，叮」鋤頭面敲擊所及之處，都反射出清脆的石板聲，挖深幾吋都還聽不到鐵器悶在泥土的靜默。我開始用力挖深，企圖加快速度，把碎石層清除乾淨。

突然，「碰」的一聲，銳利的鋤頭砍在我自己的前腿上，我的腿劇烈地震了一下，以致反射地往後縮。把工具丟開，我立即俯身檢視自己的腿，好在腿上綁著從膝蓋到腳踝的硬殼護膝，這下我明白運動護膝的作用了，即使穿著它行動笨重遲緩，汗濕褲管，我也不會再偷懶不穿了。

當我稍微放心，準備起身繼續工作時，發現地面黑褐色泥土間有個小小的東西在扭動，我蹲伏貼近，用戴上手套的雙手捧起那把泥土，在手心打開一看，竟然是一隻沒有頭的山椒魚（Salamander），牠沾滿泥土的身體已經斷尾，仍不停依著本能扭動不已。

從紮營地健行至此的路上，停下來拍攝野花之際，偶爾仔細注意落葉、泥土之間，會有小小的、一閃即逝的光滑背影。雖然我的所學不在生物領域，但是看到身上有著各式各樣色澤斑點的山椒魚，倒是懂得欣賞。

可惜的是，我跟害羞的山椒魚近距離相見的時候，往往不是太美好的結局。因為牠們總是在我挖掘潮濕的樹根、柔軟的腐植土，或是翻開石頭時倉皇現身；而更多的時候，牠們已經因為我的鋤頭分成兩半，頭跟尾分別顫動不已。我只能心痛地跪下來，脫下工作手套捧著牠們，久久無法繼續工作。

我不喜歡這種相見的時機與死別的場面，因此往後幾次變得特別小心，甚或神經兮兮。每次走到步道工作現場，必然會先拍擊四周樹幹、石頭，用腳跺跺泥土，出聲想要提前嚇走牠們，讓牠們有餘裕躲到別處。這招果然見效，被傷害的山椒魚變少，但我也因此比較難再見到害羞的山椒魚。

這一天，我挖掘的工作速度變得很緩慢，當其他人越過我往下新開一個工作段落，與我的距離愈來愈遠時，我還在原地仔細地挖掘，一旦發現山椒魚，就立即停工，用手捧著有牠的泥土，走到離步道較遠的地帶，把牠輕輕放下，看牠一溜煙地鑽進石塊、落葉、倒木掩蓋的泥土裡，消失不見。

記得在大煙山國家公園的標本館裡，特別介紹過山椒魚的習性，牠們習慣住在樹根、腐爛的落葉、潮濕的溪石底下，是一種很容易受到環境變動而影響的脆弱生物。現在由於氣候暖化，以及興建道路、伐木等工程使棲地受到破壞，全球已經有六千五百種包括山椒魚在內的兩棲類瀕臨絕種。當我目送牠們鑽回安全的棲地時，我好想用哆啦A夢的縮小工具，把自己變小，尾隨著牠們去探索土壤裡的豐富世界；而我相信，從牠們的角度，一定會有看待樹根不同的觀點。

夥伴們在背後目睹我怪異的行徑，總會好奇地問我發現什麼，看過幾次我介紹給他們認識的山椒魚之後，他們的速度也緩慢了下來。而後我們發現，這片土地裡鑽動的不僅只是山椒魚，還有蚯蚓、火蜥蜴及一些小小的昆蟲。

我想，人們之所以對於殺害其他生命麻木不仁，可能是因為我們很少用自己的雙眼與感官近距離了解與觀察

土地，因而缺乏對細微事物的敏感度。而文明為人類帶來最大的損失，就是切斷人與土地親密的連結感，以及相信現代機械足以取代雙手完成所有的事情。教育並沒有彌補這個認知上的缺失，因應現代分門別類的專業，反而是在去除人們對自然與生命的感知能力，並且致力於散播遠離土地與勞動的價值，離得愈遠就愈文明、愈高尚。

在這種文明與教育下，人們為了休閒發展出來的娛樂，即使表面上是熱愛大自然的戶外遊憩，實際卻是一種與理解自然無關的活動，純粹只是滿足暫時逃脫都市、放鬆壓力的慾望而已。在步道上健行，你可以享受自然、呼吸新鮮的空氣，甚至也許叫得出動植物的學名，但是你不會知道提供新鮮空氣的樹林自己的生長計畫；如果

有小生物出現，也只是稍縱即逝的驚嘆。

經過親手做步道的緩慢過程，有助於人們真正認識一個地方的物種跟環境，更重要的是了解我們跟自然之間的關係，就這個角度而言，手作步道與自然農法的啟發很類似，我們用雙手與自然的生命接觸，才能恢復對地球上美麗的事物的敏感與溫柔，面對各種細微抉擇的時候，不斷反覆透過實作的過程與結果，去認識屬於它（牠）們的哲學，我們就會越來越明白，我們並不擁有一棵樹、一條河流、一隻飛鳥、一條游魚，甚至一塊土石，那麼我們就會更為小心。

傍晚時分，我跟克莉絲汀一起煮今天的晚餐。因為她的緣故，我們隊伍的菜單都沒有肉，我自己是廣義的、喜食蔬果的素食主義者（Vegetarian），而她是嚴格到所有動物製品都不吃的純素主義者（Vegan）。因此每次晚餐煮好後，素食者先取用，大家再各自依照喜好添加起司、蛋或肉醬罐頭。

夥伴們總會好奇地問：「吃素怎麼有力氣工作？」她總會耐心地解釋，蛋白質可以從哪些替代的豆類製品中取得，不需剝削動物才能取得食物等。這天她還拿出自己烘乾的乾燥蔬菜、水果零食，以及自行研磨的各種穀物粉，讓夥伴們明白，吃素也是很享受美食的。

我好奇的是，她作為一個素食者在從事步道工作時，面對像「山椒魚困境」時，該如何調和兩者的衝突？她顯然相當為難。克莉絲汀告訴我，在無痕山林七大準則中，有一條「尊重野生動植物」的原則，每次步道工作隊出發前，領隊總會再三叮嚀義工們：「自然山林是野生動植物的家，我們去到人家家裡，要保持當客人的禮貌。」但是在工作的過程中，難免會無意間傷害到生命，因此她只能說服自己，做好一條讓健行者願意走的步道，可以減少健行者任意找路對自然造成的破壞，如此才能讓自己釋懷。

這幾年工作下來，她對於砍樹也有自己的反省。在美國，許多樹種正在瀕臨滅絕的邊緣，比如以前阿帕拉契山區常見的美洲栗樹，因為缺乏對進口中國栗樹帶進微生物的抵抗力，整片整片枯死，這種原本常用作木屋材料的樹種因而被禁止砍伐；另外有種當地特有的鐵杉（Hemlock），也遭到亞洲蚜蟲的入侵而逐漸枯黃凋零，因此，現在步道工作項目中，也加入鐵杉的監測與保護。去年，克莉絲汀在阿帕拉契山徑協會委員會上提出一份植樹計畫，希望能夠在每年工作季節的尾聲，新增一週的工作項目，透過義工的參與，有計畫地彌補為施作步道所砍伐的樹木數量。

找出自己理想的步道尺度

重回工作現場時，我決定藉著開闢一條全新的路線展現我在這塊土地與步道上的信仰，用我目前學習到僅有的工法知識與工具運用，微調路徑使之蜿蜒穿越兩樹之間，呈現心目中一條好步道的理想尺度。

夥伴們注意到我做的步道比較窄小，盡量減少挖掘幅度與棄土量，在我步道邊上的小樹成為我步道邊線的基準點。隔天我發現，因為我的「不合群」，使得接下來的步道寬度也跟著變得比較窄了。

當克莉絲汀戴著有耳罩的防護帽，手持電鋸經過我身邊的小樹，她停下腳步仔細打量，往前找泰德說了幾句話。回頭走來告訴我，「我要開始砍樹了，你一定覺得我是壞人。不過，我剛問過泰德了，依照步道狀況，你留的這幾棵樹可以不用砍，除了非砍不可的樹之外，我都會盡可能保留，而這樣做是為了向你表示敬意。」

第四個工作天中午，我們終於合力完成改道計畫的最後七百英呎，而根據泰德重新丈量的結果，步道最後比預定路線多出二十英呎來，我想可能是因為閃避小樹、調整路線所致。

阿帕拉契山徑俱樂部的會員拿來一桶白漆，讓每個參與新路闢建的夥伴都可以親手在樹幹上漆路標，就像是新路的啟用儀式；最後階段就是將舊路封起來，讓其自然恢復植生。新路開通不久，走上來的第一對健行者，是一對情侶，我們互道恭喜，他們的腳步也成為新路工程的一部分，剛完成的路面要靠不斷地走過踏實，才會成為一條平穩好走的步道。而在此之前，我們已經在這條新路上來來回回地走了好幾英哩。

結束工作揹著工具下山時，沿途我不時彎腰撿起掉落的橡實，振臂擲往遠離步道的林間，畢竟一千個種子可能只有一個能順利成長，我不希望它難得的成長機會卻發生在步道範圍內，變成日後不得不砍除的小樹。

08 仙娜度瓦華麗的冒險

在老羅斯福的時代，休閒娛樂變成一個引人注意的問題，當時，將鄉野逐出城市的鐵路，開始將城市居民集體帶到鄉間。而人們也開始注意到，出城的人越多，每個人所能享有的平靜、孤獨、野生動植物和風景便越少，而且必須到更遠的地方，才能享有這些。

汽車則將這個原來只是溫和且局部性的尷尬處境，延伸到路況良好的道路的最遠界限，使一度遍布於四十個偏遠之州的事物，變得十分稀少。雖然如此，人們仍然需要這些事物。就像來自太陽的離子一樣，度週末的人從每個城鎮湧出，沿途製造熱潮和摩擦。觀光業提供了食宿，以吸收更多人潮，使他們更快來到鄉間，並更深入鄉間。旅遊廣告告訴人們除了最近才被蹂躪的地方之外，何處尚有新的幽靜處、新的風景、新的獵場，以及新的垂釣處。有關當局修築深入新的偏遠地區的道路，然後買下更多的偏遠地區，以便吸納更多道路帶來的人潮。各種器械製造業也將人們裝備妥當，以對抗原始自然的衝擊；有關森林的知識技能變成使用器械的技藝。現在，我們更有了露營拖車──所有庸俗事物中最庸俗者。

——李奧帕德《沙郡年紀》

在阿帕拉契山脈裡面工作了三週後，來到仙娜度瓦國家公園，突然有一種回到塵世的感覺。習慣睡在野地的帳棚以後，到了區內最便宜的路易斯山露營區（Lewis Mt. Campground）搭帳棚，仍然覺得像在都市公園裡進行童子軍大露營一樣，過於便利也過於擁擠。

然而，這裡所能提供的營位，以RV車，也就是那種大大的露營拖車專用的居多，況且我們抵達露營區時已是傍晚，大部分營位都被占據，小小一塊地已經擠滿了好幾頂帳棚。

繞行幾圈之後，終於找到一塊營地，我們

搭好帳棚，自己到門口取出一個營位申請信封，把錢塞進去，寫上姓名、時間、營位號碼等，丟入信箱中，無人監管、一切自助，但每個有人的營位都張貼著自行填寫、撕下的繳費收據。

夏天的營火

在公共營地露營是觀察一個國家人民文化，有趣且具體而微的方式，尤其是在傍晚準備晚餐前後的時段。通常開的車愈大，占據的空間愈多，每個營位裡可用空地就愈少：搭著那種像蚊帳一樣的蒙古包，小孩躲在裡面玩耍；睡覺用的帳棚則是超大、超豪華。除此之外，雖然天空沒有半點要下雨的跡象，但還是有人架著專門炊事的高帳棚。通常他們會帶一套B.B.Q.烤肉架，另外還有一組二至四個爐頭的瓦斯爐，外接幾桶攜帶用瓦斯，配置的鍋碗之多更不在話下。與此同時，媽媽或被媽媽指定的大小孩，會拿出塑膠餐桌巾，鋪在營位的野餐木桌上，再拿出一盆塑膠花放在桌上，然後擺放玻璃杯、瓷盤、刀叉。

至於男人們拉出好幾張戶外折疊椅，從腳邊的冰桶裡拿出啤酒，挺著肚子在閒聊；勤快一點的就去露營區雜貨店抱回劈好的、捆成一大捆要價三美元的三角柱木柴堆，穿著短袖短褲，在自己營位上的生火區開始大張旗鼓地升起營火來。我看了一下溫度計，夏天這時候山裡溫度仍有攝氏十八度，我穿著一件薄外套，天氣相當舒適。但是當每個營位都升起火來，原本覺得清新的空氣，卻充滿了燃燒木柴的煙味，以及料理各種食物的氣味，森林中營地上空，低低地密布一層人工雲霧，我被嗆得咳嗽連連。

之前在大煙山國家公園一處露營區附近的森林步道散步時，曾經看過地上有許多砍倒的樹，顯然那是一整片供應該區三角柱木柴來源的森林，有些木頭已經砍好，有些還沒。那時我就慢慢體會到，在美國，砍樹被視為是合理的調節，露營區雜貨店無論氣候晴雨，每個結帳的手推車裡一定至少放一捆木柴。營火被認為是營地必須的風景，用以營造夜裡圍坐閒聊的氣氛，幾個世代的郊遊經驗傳承下來，似乎已成為一種兒時的美好回憶。

我邊咳嗽邊想起做屋頂那週唯一一次的營火，克莉絲汀先在地上墊了一層砂石，底下疊起附近撿來的乾枯枝做為火種，再用三段短瘦木頭立起來架著。當時她說了一個營火的故事，大意是印第安人看到白人生的營火，覺得白人的營火不溫暖，因為砍太多樹、用太多柴，而營火太大、煙很嗆，人們坐得離火很遠，柴也很快燒完，必須不斷添加；而她搭的三角架營火就是印第安人的營火，因為火小，所以人們必須坐得很近，幾乎可以促膝長談、低聲說話，因此印第安人的營火比較溫暖。

我記得當晚營火燒到凌晨兩點多還沒熄滅，隔天早上完全變成白白的灰燼，一點木炭都不留；臨走前，只需把灰燼分散灑在附近的沙土地上，就像根本沒升過火一樣。

如果普羅米修斯看見

美式食物的味道已經香味滿林間，我的肚子開始咕嚕嚕叫了，於是從背包裡拿出登山小爐頭跟一口小鍋子，準備煮簡單的泡麵，加上在上山前買的蘑菇、番茄、蔬菜，覺得已經是奢侈的享受，我一點也不羨慕隔壁的美式食物，反倒想念起家鄉味來。一切準備妥當，我試圖將 REI 買的瓦斯罐裝上台灣帶來的爐頭，卻怎麼也裝不上去，以前在法國自助旅行的悲劇似乎又重演了。我開始有點緊張，又拿出備用的兩用爐頭轉換器來，還是裝不上，我以為世界上只有兩種爐具規格，一種是轉式、一種是扣上；現在發現還有第三種，美國的瓦斯爐是先扣再轉。這下可好，我絕望地看著已經切好、洗好的菜，想著今晚將沒有熱食可吃，正準備用華倫式的念力催眠自己，「吃熱食只是你自己想像出來的需要，你只需鑽進睡袋……」

我突然想起來，露營區有一間小雜貨店，也許有賣爐頭，或是其他規格的瓦斯，或現成的熱食。我趕緊往外走，一邊禱告雜貨店還沒關門，一邊懊惱上山前沒有多買一瓶酒精，這時正是酒精爐大展身手的好時候，可是我卻還是依賴著瓦斯。我餓到有點腿軟地橫越整個露營地，跌跌撞撞地衝進雜貨店，幸好，還沒關門。但是，架上賣的瓦斯桶，全都是瓦斯爐或B.B.Q. 規格的，當然沒有賣爐頭、更沒有賣酒精。食物架上都是便利商店常見的零食、甜點，而且包裝很大，麵包一次要買一整條，對我來說太多了。這裡沒有熟食區，冰箱裡倒是有很多可微波、烤箱加熱的一盒盒冷凍食品，這對解決我現在的問題，一點幫助都沒有。店員已經準備打烊，正等著我離開。我垂頭喪氣將要放棄時，瞥見架上有一種營火蠟燭（Camp heat），雖然小小一盒竟要價五美元，比砍下生長數十年的木柴還貴，換來的火小得誇張，但那是今晚唯一的救星。

回到自己的營位，我開始研究蠟燭爐的英文說明；接著，為了把鍋子架高放在微弱的火上，我在營位附近尋找石頭。這真是一項困難的任務，因為在一個規畫完善、綠草如茵的平坦營地附近，石頭是不該存在的。找了半天，這下更餓了，好不容易抱回幾個石頭，隨便一堆，又太高了，微弱的火根本碰不到爐子。我努力地「喬」了老半天，隔壁營地的人們正點著蠟燭吃晚餐，一面投來好奇的眼光，此時我開始羨慕起他們熊熊燃燒的營火來，真想端著自己的小鍋子走去借用他們過剩的火。心裡抱怨起希臘神話中的普羅米修斯，怎麼只管把天火傳給人類，卻沒教人怎麼公平、節制地分配火。

好不容易我將幾塊石頭彼此頂住，形成顛危危的爐架，勉強撐住一小鍋水的重量，並在周邊架起擋風板，防止風把我僅存的希望吹熄。我坐在煙霧瀰漫的林地野餐桌邊等待，不時地把頭湊近，看看脆弱的燭芯燃燒狀況、側耳傾聽鍋內動靜，但不敢打開蓋子，以免好不容易聚集的熱氣散了。一個小時後，微弱的燭火還是煮不開水，我加入麵條跟配料，用鋼筷小心攪拌，深恐稍一用力打翻了鍋子。最後，我終於開始吃起還沒熟透的泡麵。我想，華倫說的是對的，煮這頓熱食，已經耗盡了我原有的熱能。

狼吞虎嚥完後，我拿著小鍋子往公共廁所方向走去。在廁所門外中間設置的洗手台，根據牆上的告示，此處只供取用水源及洗手，禁止清洗餐具。我準備取水回去加熱稍事清洗，但洗手台竟然完全堵塞，滿滿的水上漂浮了一層油及各式醬料殘渣，洗碗精的泡泡滿溢出來，洗手台都是油膩膩的晚餐味道。我想起這裡是附近地區的高山水源頭，然而，看來人們並沒有意識到自己喝的水與眼前景象之間的關連性。聽說去年這裡曾經發生黑熊攻擊小男孩的事件，我想，營區裡的食物香味對飢餓而味覺敏銳的黑熊來說，大概幾座山外都聞得到；即使人們在夜晚入睡前把食物都用防熊繩吊起，但頭髮上的食物味道恐怕很難散去吧！

營地帳棚裡的思考

此時我還無法入睡，因為到十點禁止喧嘩之前，營區仍然人聲鼎沸。我裝了一點水，準備用微弱的燭火煮一鍋台灣帶來的茶葉，只要喝完茶，鍋子和餐具也就清潔了。

這時，有些父母催促著小孩上床睡覺，父親用汽車充電器為充氣床墊打氣，轟隆隆響著。然後，小孩們紛紛換上睡衣、拿出軟綿綿的枕頭和被子，不用彎身就能走進巨大的帳棚裡睡覺。看到他們把野外露營區當成自己家，所有家當都帶出來了，難怪車要愈買愈大才裝得下；可是，露營拖車原本就講求應有盡有，很難想像他們為什麼還要塞進這些傢私。

借用其他營位跳躍的營火餘光，我愜意地坐在野餐桌邊喝著茶，好整以暇地觀察著其他營位。小孩們似乎都上床睡覺了，營區轉為一種嗡嗡低語的氣氛，左邊有一對情侶，圍坐在營火前，手上端著紅酒杯，頭靠著頭私語；不遠處，幾個傍晚丟飛盤的年輕人現在正輕輕撥弄吉他，他們偶爾會大聲笑鬧，但馬上又安靜下來；更多的是，兩到三個家庭的大人們像坐在自家爐火前那樣隨意閒聊，他們就像一般的中產階級家庭。

突然，我發現整個露營區沒有一個有色人種，除了我以外。這個國家有百分之十二的非裔美人，另有超過百分之十二的移民人口，尤其美國東南方是非裔美人人口比例更稠密的地區，但在國家公園的露營區裡卻沒有看到有色人種。我回想前三週遇到的各地義工與俱樂部會員，或是在山徑上遇到的健行者，同樣也沒有有色人種。之後整個在山徑附近的旅程中，只有在仙娜度瓦幾個高級木屋區，見過華人、日本人、印度人之外，真的都沒有遇到白人以外的族群；倒是在大城市自助旅行時，比較符合人口比例的印象。

是非裔美人不喜歡到自然山野進行戶外休閒嗎？還是他們有自己獨特的休閒文化？我的腦海裡開始浮現出許多社會學方面的問題：哪些人會住在國家公園裡一位難求的高檔小木屋？哪些人會在露營區？哪些人會揹著大背包在山屋裡的一塊木板上睡覺？哪些人願意交錢當會員上山做步道？哪些職業的人有時間花半年走全程？我想不出什麼結果來，決定鑽進帳棚去，躺著慢慢想。

一鑽進帳棚，裡面充滿營火跟烤肉的濃煙味，外頭冷空氣已經帶走大部分的味道，但是帳棚裡的味道卻悶著無法排解。我找到罪魁禍首，就是那個號稱可以在帳棚裡看星星的小紗窗，之前下雨時從那裡漏水進來，這下又有只進不出的濃煙味，當初真不該抱持浪漫的購物衝動。拉開滿是濃煙味的睡袋，想到李奧帕德竟然在一九四九年就睿智地寫出今日景況：「毫無疑問地，人們大量追求孤獨感反而會直接減少享受孤獨的機會。當我們視道路、營地、步道和廁所為娛樂資源的『開發』時，我們便犯了一個錯誤，從增加或創造的意義來看，這種容納群眾的設施並沒有開發任何東西；相反地，這些設施就像是被倒入已經夠稀的湯裡的水。」我在嗡嗡低語聲及附近此起彼落的鼾聲中幾番輾轉，不知在何時昏睡過去。

白尾梅花鹿母子

清晨醒來，正在準備早餐。環顧營地，大部分的帳棚都靜悄悄的，一回頭，發現一頭年輕的公鹿，在距離我不到三公尺遠的地方，緩慢地穿梭在營地邊緣低頭覓食。我摒息地靠近，靜靜欣賞牠頭上兩個三支短分叉、毛茸茸的角，突然意識到這裡是露營區，可不是「動物星球」頻道裡面的無人草原。不過，好在現在和我面對面的不是黑熊，上次在大煙山國家公園山徑露營時，睡到半夜，那棵吊掛著食物、離帳棚不遠的樹，不斷傳來碰撞、騷動聲；至少，這次的經驗好多了。

很難想像如今風景秀麗、樹木成林的仙娜度瓦國家公園，在一九三六年國家公園成立前，是一整片沒有樹林的農牧場：如果有樹，只有小面積種著像蘋果樹的果園；如果看得見動物，就是在樹下喘息的耕牛，或是在農場上拉著一車車貴客上山的馬匹。現在，在林間健行的時候，只須稍加留意，就會看到一頭伏臥林地上的鹿，牠雖然豎著耳朵保持警戒，但神態自若；傍晚到區內中段的大草地露營區（Big Meadow）附近，還會看到悠閒走過馬路、在草原上覓食的幾百頭鹿群。然而，原生鹿群早就因為農場開墾而絕跡，目前在國家公園內的五千多頭白尾梅花鹿，都是在國家公園成立後，從外地捕捉野放的十三頭鹿的後代。

這種梅花鹿的斑點只有小鹿身上有，長大的成鹿身上的斑點就會消失了。發現這件事，是當天傍晚我在大草地上跟蹤鹿群返回樹林，經過露營區一個正在施工的遊客中心時，看見一頭母鹿站在工地圍欄前，我好奇地向牠走去，牠並沒有像其他鹿那樣立即逃開，只是焦慮地在原地來回踱步。近前看，原來一頭小梅花鹿困在圍欄裡，我猜這小朋友一定是貪玩亂闖，誤入圍欄裡面，又找不到路出來，媽媽只好在圍欄旁焦急地等待；難怪鹿群都已逐漸返回樹林區，天色漸黑，只有牠們母子還在這裡。

我友善地開口問母鹿：「這是你的小朋友嗎？」牠驚動了一下，往後退幾步。我繼續柔聲說：「別怕，我幫你想辦法」，然後繞了整個工地一圈，發現唯一一處開口，門是鎖上的，下方的空隙我鑽不進去，也沒把握抓住驚慌的小鹿。於是我從圍欄另一頭驅趕小鹿，牠嚇壞了，沿著圍欄逃到缺口，一溜煙鑽了出來。母鹿趕緊追上前舔小鹿，小鹿的第一反應就是跪在地上喝母乳。

我慢慢走近牠們，母鹿彷彿知道我不是壞人，也或許是小鹿喝得太專注了，牠們並沒有跑開。通常容易受驚嚇的小鹿很難接近，但這頭小鹿大概困太久、肚子太餓了。我仔細端詳小鹿，對母鹿說：「這真是你的小孩嗎？怎麼牠有斑點，你沒有？」母鹿沒理會我，高傲地帶著小鹿過馬路，希望追上鹿群。望著牠們的背影，我想到阿帕拉契山徑經過一片名叫「麋園」（Elk Garden）的草原，那裡也曾是美洲赤鹿居住的山頭，如今僅剩地名證明牠們曾經存在過。

仙娜度瓦國家公園所在地原是一塊農牧場，過去以「天空之地」（Skyland Resort）為中心，是許多來自華盛頓政商名流的避暑休閒勝地；美國總統胡佛（Herbert

Hoover）最愛來此釣魚、享受自然，「天際線景觀大道」（Skyline Drive）即是為此修建。當時，「天際線景觀大道」規劃採用阿帕拉契山徑的路線，這使得堅持山徑應遠離塵囂的班頓·麥凱與波托馬克阿帕拉契山徑協會（Potomac Appalachian Trails Club）的負責人邁隆·艾弗利決裂，只因後者並未堅持反對山徑與大道部分重疊或相鄰。當時，除了華府政商名流遊憩區之外，在仙娜度瓦谷地一帶，仍有相當多貧窮的小農戶，賣力地在山坡上耕種、放牧。

一九二〇年代開始有人倡議要將這一帶設立為南阿帕拉契國家公園，遭遇到相當多當地居民的反對。直到一九三〇年代，在「天空之地」的經營者喬治·費利曼·波拉克（George Freeman Pollock）等人帶頭將土地捐給聯邦政府後，才成就今天仙娜度瓦「首都近郊的國家公園」（A National Park Near the Nation's Capital）的風貌；當然，背後也伴隨著四百五十萬個原住家庭被迫遷離到政府指定的區域居住。

之後在國家公園的復育下，移民鹿群的數量是過多了，牠們孜孜不倦地啃食，成為山的威脅。許多人因而主張開放狩獵證，以維持適當的鹿群數量，而大部分的遊客或許很樂意鹿群改變食性，前往露營區向人討食。根據我在大草原上的觀察，比鹿群更多的遊客數量，以及為了餵食停在路中間的車輛才是應該限制的對象。鹿群數量無節制地擴大，只是因為食物鏈上層掠食者絕跡所致，這裡沒有像西岸的優勝美地復育消失的土狼群，而國家公園內的原住民也早就被徹底隔離在保留區內。

成功移民的游隼

在這段把人移出，把野生動物移入的遷徙歷史中，仙娜度瓦有一個最受矚目、而且正在進行的案例。我在「天空之地」木屋餐廳裡瀏覽上述歷史場景時，意外地在角落一個電腦上發現游隼版本的「楚門的世界」，畫面上正在即時轉播一窩張嘴要吃的游隼寶寶，游隼爸媽不時飛回來餵食。在溫馨的畫面下面寫著，這群游隼是從美國西岸「人為移民」過來的，此刻他們正住在仙娜度瓦最高峰玳瑁山（Hawksbill）的懸崖上。我查了一下地圖跟仙娜度瓦週報，決定更改阿帕拉契山徑的健行路線，參加由國家公園解說員帶領的一場玳瑁山步道解說活動。

解說員告訴我們，美國東岸從一九六〇年代之後，就沒有一隻游隼成功孵化出來。這件事令國家公園大為緊張，經過幾番追蹤研究，發現游隼爸媽只要一坐上蛋要孵，蛋就破了，當時還不太能夠確定是什麼原因使蛋殼變薄。直到一九六二年瑞秋．卡森（Rachel Carson）出版《寂靜的春天》（*Silent Spring*）之後，才知道是因為噴灑 DDT 等殺蟲劑，使鳥類從環境中攝食到加氯烴，並在其體內累積過多環境賀爾蒙所致。然而，當一九四五年二次大戰結束時，化學家穆勒（Paul Mueller）因為發明 DDT 有效阻止瘧疾傳染，還曾於一九四八年獲得諾貝爾化學獎的肯定。

當時美國許多殺蟲劑大廠動用各種科學研究，駁斥瑞秋．卡森揭示的真相，因此美國政府遲至一九七二年才宣布禁止使用 DDT。在這短短不到三十年的時間，在契洛基人神話裡拍動翅膀創造阿帕拉契山脈的老鷹們，竟然會在一九六〇年代面臨絕種的危機。國家公園在一九七〇到九〇年代間，開始陸續從西岸捕捉健康的游隼到東岸野放復育。但是因為游隼所需的空間相當大，在人口集中的東岸，只能在高樓或橋樑結構物下方築巢，許多學飛的小游隼在牠們第一次飛行時，常因為車禍或離水太近而死亡。於是，國家公園與民間保育團體合作，以機器手臂嘗試將有游隼蛋的巢取下裝箱保溫，再由攀岩高手放置到仙娜度瓦懸崖上原有的游隼巢中。

接下來就要由仙娜度瓦這些東岸的游隼代理父母去孵化，據說蛋若在兩小時內沒有親鳥坐孵，游隼寶寶就會夭折。因此，國家公園在懸崖處設置太陽能監視器，二十四小時監控孵蛋的情況。好在，東岸游隼父母在一個半小時內飛回懸崖，一發現窩中的蛋就開始進行孵化，成功地為東岸誕生新生的游隼；現在電腦畫面上的四隻小游隼，就是去年努力的結果。玳瑁山懸崖已經立牌禁止遊客靠近，我們只能坐在一處岩石上，靜靜地看著年輕的游隼們，學習駕馭翼下的風。

在日照時間延長的六月底的午後，在豔陽直射與強風吹拂下，我們緊壓帽子，遠遠地觀看游隼們正在進行的兩百英哩行前飛行訓練。隨著牠們的動靜，我們一下發出驚呼聲、一下發出笑聲，但大部分時候是靜默地注視牠們完美的飛行姿勢。對牠們來說，最困難的是收翼降落，每當有游隼摔倒時，我們就忍不住又急又想笑；但才過了一會兒，剛剛摔落的游隼再度驕傲地御風而上，大家又起身鼓掌叫好。

即使仙娜度瓦國家公園連續幾年因外來種生物侵入、嚴重空氣污染與工業區酸雨侵蝕等因素，被總部位於華盛頓的國家公園保護協會（NPCA）列入瀕臨危險的國家公園名單，但這裡仍是我與最多種野生動物近距離接觸的山徑地帶。陳列在遊客中心野生動物標本館的動物，我都曾經在野外親眼看到實體，甚至包括黑熊。有天晚上，我又在露營區跟蠟燭爐比耐心的時候，一隻浣熊還走到我的腳邊，用後腳站起來端詳我，我只來得及打開頭燈與牠四目相接，等回過神來，牠已經轉身離開，我也來不及拿出相機捕捉。浣熊消失在營區垃圾堆方向，牠大概去翻找遊客的垃圾當晚餐。

誰的國家公園？

被稱為國家公園之父的約翰．繆爾（John Muir），在擔任探險繪圖工作時，發現優勝美地的壯闊，隨後開始大力奔走呼籲設立國家公園。於是在西雅圖酋長發出「你怎能買賣土地與天空」的哀嘆過後十三年，也就是南北戰爭期間的一八六四年，優勝美地成為加州州立公園，一八九〇年代在黃石公園之後，正式成為國家公園。而繆爾卻認為原住在優勝美地的印第安人：「大多是醜陋，有些甚至是可憎的，他們並不屬於這個地景。」他甚至認為，當印第安人在場時，他無法感受肅穆、寧靜的荒野，就這樣，為了保護被白人砍伐的紅木，國家公園驅趕居住在這幾千年的阿瓦尼契人（Ahwahneechee）；如今只有一家高級旅館以之為名，徒留空名。

西岸國家公園的設立，對於人口稠密的東岸地帶具有極大的吸引力。人們嚮往「原始的荒野」，因此在兩次世界大戰中間，東岸也開始興起逃離現代工業文明的運動；一九二一年班頓．麥凱建議串連阿帕拉契山徑，一九三七年全線連通，日後成為線狀的國家公園，由山徑串連起來的大煙山國家公園（一九三四）、仙娜度瓦國家公園（一九三六）也都是在這樣的時空背景下出現的。期間雖歷經「經濟大蕭條」，卻意外促使保育事業加速實現，一九三三年成軍的「公民保育團」是幕後的無名英雄。

國家公園與國家步道的成立還有另一個相當重要的關鍵，那就是決定性的民間力量。阿帕拉契山徑是一九二五年由東岸登山團體組成的「阿帕拉契山徑協會」協調、勘定、修建而成；大煙山更是創下「公民集資買地」贈予聯邦政府以成立國家公園的首例，促成此項創舉的是出身石油大亨家族的慈善家約翰・洛克斐勒二世（John Davison Rockefeller, Jr.），他拿出五百萬美金，加上號召上千民眾集資共一千兩百萬元，買下五十二萬畝的土地，將原本瀕臨過度商業開發的大煙山區保育下來。

此刻，隔壁營位的一個家庭，正忙著往身上噴「歐護」防蚊液，我不知道替代了CDT以後的殺蟲科技突破到什麼境地，或者我不確定的是，我們人類在此刻所做的每個行為，對未來究竟會造成什麼影響？為了自身生活的便利，我們可能正在從事一場華麗的冒險，這場冒險的結局，又會把我們帶到什麼地方去？這正是冒險最富戲劇性的部分，除非我們能夠洞悉每個角色的習性與對白，以及自己在其中的位置，以及其他角色的關聯性，否則人類的歷史就會像一個忽高忽低、忽左忽右的失控鐘擺，不斷置己身於險境。

我們只能謹記羅賓森（Edwin Arlington Robinson，得過三次普立茲獎的美國詩人）對崔斯聰王（Tristram，羅賓森最偉大的作品）的告誡：「當你們離去後，世界改變了面目。留心你將留下些什麼。」

09 早安！薛西佛斯

他知道自己是自身命運的主宰，這世界對他縱然荒涼，但卻不空無，這巨石的每一微粒，被封閉於黑暗中每一礦石的光輝，都各自形成一個世界，只靠通往山嶺的戰鬥就足以滿足人心，我們必須承認薛西佛斯是幸福的。

——卡繆《薛西佛斯的神話》

登山鞋裡似乎有什麼東西，可能是小石頭跑進去了，一路上腳不太舒服，硬撐著直到跛著一隻腳走，我決定放下背上的急救包跟電鋸的汽油桶工具袋，一屁股坐在落英繽紛的步道邊上，把登山鞋脫下來查看。鞋子裡掉出了幾顆小石頭，腳底起了水泡，還有右腳拇指邊上已經破皮。剛好本週我負責揹全隊的急救藥包，自己找出一種保護水泡破皮的軟貼布，貼在幾個可能快要起水泡的摩擦點上。這次從紮營地點到工作現場每天來回超過九英哩，我算過，單程大約要翻越六個長長的上下坡之後才會到。

好在六月時節，這一段路沿途正盛開著石南花（Rhododendron），這種花有粉紅色跟白色兩種，很像大上三倍的杜鵑花。最美的風景不是花開枝葉的時候，而是花瓣如雨，一陣微風輕顫紛紛落下，柔柔軟軟地鋪滿一地，像六月裡的雪景夾道。這裡有個很美的名字：「天使休息的地方」（Angel's Rest），行走其間，頭上頂著低低伸展的石南花，腳底下踩著黛玉葬不完的花徑，美到讓人感覺路不是那麼漫長。

不過，在天使休息的地方工作，卻是最辛苦的一週。也許就是因為天使都休息了吧！

一天挑戰一級石階

康拉洛克工作季剛休完兩週的假期，我從仙娜度瓦國家公園旅行回來，身分隨即從健行者切換回步道義工，開始挑戰難度最高的石階布設工作。兩週前，另一組工作隊返回基地營時，全身從頭到腳都是乾掉的泥塊，每個人看起來都累慘了，聽說那一週他們所做的事情，就是不斷地挖石頭、移動石頭、埋設石頭，當時我腦海浮現希臘神話中，那個受眾神懲罰在地獄裡，不斷滾動石頭上山的薛西佛斯。沒想到休息回來，我就是要來此接續他們兩週前未完成的工作。

這裡進行將陡上坡「截直取彎」的「之字形」改道工作已經接近完成，接下來，我們要在之字形轉彎上下高差處布設石階（Rock Steps），同時在一些坡度超過百分之十的段落，設置減緩坡度以阻擋水流侵蝕的石階（Rheck Steps）。設施完成之後，新路徑才能正式對外開放。

第一種疊起來的石階，石頭本身就是健行者踩踏的平面，因此需要找與步道寬度相當、並具有一定厚度的方形大石頭，這樣才夠穩重、不搖晃。但是這種大石塊，不可能單靠人力移動，往往需要工具輔助。當地阿帕拉契山徑俱樂部扛來一種類似絞盤的工具，絞盤固定在一棵大樹幹上，繩索綁在大石上，絞緊繩索，加上幾個人用沉重的移石鐵撬槓桿移動，就能將石頭緩緩移動到階梯設置的地點。

我們依據坡度的高差評估出石階的級數，但實際的施設還是要依照現地找到的石塊大小靈活調整。有時因應石階的高度與上下平面的落差，需要稍微挖掘，石塊的疊法也要反覆翻面、移動組合，方能找到最平穩適當的疊法；如果找到的石塊不夠大，雙邊可以用不規則狀的大石，利用其角度卡緊石階，再在石塊之間塞入人工擊碎的小石塊，最後在隙縫中灑上泥土，才算完成一個牢固的石階。移動石頭可說是最需要同時運用蠻力和想像力的工作，常常一整天的進度就是跟一級石階搏鬥。

第二種具有擋水功能的石階，這種石階是要將石塊垂直插入地面，保持三分之一的平面凸出步道表面。平整的石塊當成階梯主幹，不規則的大石頭則用以固定兩邊，縫隙必須填入碎石，石階才不會搖晃。然後在凸起的小石牆後面回填碎石，路面覆以泥土、落葉，形成供人踩踏的階梯平面。如果石塊較小，可以由一個人以工具或徒手翻滾的方式，或將石塊滾到十分堅固耐磨的粗尼龍繩編網中，再集合眾人之力，每人抓住網眼共同使力，一起抬著走到標示石階預定地的橘色小旗處放下。無論做哪一種石階，第一個工作就是找石頭；正確地說，是要找到適當的石頭。這裡附近的山區地質多石頭，以石塊來鋪設步道，就是就地取材，相對於砍樹來作木階，對生態的衝擊也較小。有時候，因為新闢步道而挖出的石塊，正好就可以移做石材之用。但當石材不合用、或不足用的時候，常常就得花上大半天的時間為自己的石階找石頭。8

8 設置石階是為了有效減緩陡峭的角度，主要目的有二，一方面可以減緩水的流速，以穩住土壤並保護兩側植被；另一方面可以幫助健行者輕鬆地爬坡，不容易往下滑。鋪設石階方法有二：疊石鋪法用在較陡的坡，由下往上平鋪，盡可能三面都埋在土裡，踏階高度大約六至八英吋最舒適。擋水石階則用在較緩的坡，埋入深度至少約石塊的三分之二方為穩當，突起的部分用以留住土壤作為踏面，而水亦能透過石塊引導而逐步滲入地下。無論哪一種石階，最大的挑戰是要設置一個讓健行者願意使用的石階。健行者如果覺得石階太多、太高，很難走，或是不穩、往後倒，就會閃避到石階旁的植被，另外開闢路徑。因此，避免做出太長距離的連續石階，應盡可能分段，或者讓石階看起來不規則、有變化。施作完成後，要盡量用倒木、落葉掩蓋石階兩旁施作的痕跡。

我的第一級石階

當泰德指派我設置一級擋水石階時，他只交給我一把寬鏟短身的十字鎬（Pick Mattock，尖鶴嘴鋤），附帶叮嚀：翻動石頭時，要向著身體外側翻轉，這樣如果石下有蛇，至少中間還有石塊阻擋，可免與突受驚擾的蛇倉皇直接相對；另外，搬動石頭時，整個人要蹲下、背打直再往上抬，才不會閃到腰。然後就要我在步道兩側、邊坡上下，開始尋找石塊。

我拿著工具，舉目望去，地表上都看不到石塊，一時之間，不知從何找起。只能憑著第六感，朝著樹林深處走去，隨意地往地上敲敲看，聽聽回音，如果聽到的是「鏗鏘」一聲，就停下腳步，開始試探性地敲擊探測石塊的邊緣，藉以判斷石塊的大小與形狀，是否合於需要。

剛開始我性子急因此常判斷錯誤，以為邊緣的大小已經差不多，就開始動手挖掘，結果挖起來往往太薄，要不就是兩個小石塊疊在一起，不能使用。這時候，石頭底下的蟲蟲、山椒魚等就會四處逃竄（好在沒遇到過蛇），我想，牠們一定不明白自己的屋頂為何會突然被掀翻，上面還出現一個醜陋的怪臉，拿著尖尖的武器。幾次無端破壞蟲蟲家園的事件之後，我深感內疚，也因而累積出經驗，更謹慎地試著頂住石頭邊緣，視可移動的程度來判斷深淺，而不敢貿然翻開。

一整個下午彷彿大海撈針，腦子開始出現古怪的幻想，想像應當發明一種類似金屬探測器的東西，像電影「國家寶藏」（National Treasure）在冰原上探測古船的那種工具，只要邊走邊掃動，發現目標後會自動嗶嗶叫，然後在電腦雷達螢幕上，顯現超音波立體3D影像，最好這種電腦影像還像「超級戰警」（Demoliton Man）的帽子一樣，會在面罩眼前浮現，等到確認無誤後再開始挖掘。

突然，發現目標物！我找到了第一塊理想的石頭！

我費盡吃奶的力氣，好不容易用尖鶴嘴鋤的尖頭把石塊從地底頂出來，然後在地面上翻滾，不斷地推動石塊、翻面滾動，翻幾步就得停下來喘氣，再翻幾步，我的設置點還很遙遠；不過，至少是往下坡順勢翻滾，我不用像薛西佛斯一樣滾動石頭上坡。好不容易，我和我的石頭抵達工作點，這一天的工作也到此結束。

第二天在腰痠背痛之中，繼續第二回合的奮戰。

我用尖鶴嘴鋤寬鏟那一面，開始挖掘預備嵌入石塊的洞，解謎的過程再度出現。你手上取得的石塊，永遠沒有固定的形狀，它總是不規則的立體。我得學會欣賞它的優點，找到最適合浮出步道表面的一個平坦面，而把它奇形怪狀的其他面埋入土裡，隱藏得當，就像選對衣服，蓋住過大或過小的屁股一樣，是門精彩的藝術。可以用目測仔細觀察，為它挖出一個合身的模子，但是當你還沒有足夠的經驗時，手邊的長柄工具就是最好的量尺。

然而，一整個上午，我反覆地挖掘，然後把石塊搬起來「喬」到一個立面，置入挖好的洞，結果放不進去。我挖得太淺了！要不就是底比較長的那端翹老高，調整半天無效，於是又把石塊搬出來，繼續挖！這樣來回幾次，氣力已經耗盡，索性挖多一點，挖深一些，結果，洞挖太大，石塊放下去站不直，晃來晃去的。

這下只有兩種補救的選擇，一是放棄這塊好不容易找到的石頭，去找一塊更大的，然後再調整，一切重來；另一個大多數人都會做的決定，就是去找很多小塊的碎石，想辦法把石塊邊多餘的洞塞滿。

為了自己挖出的大洞，又得去挖出更多的石頭，以彌補自己經驗不足所犯的錯誤，結果在坡地上留下好幾個窟窿。我在縫隙間塞入許多石塊，不斷地再挖掘、調整，最後用

大槌子敲碎、敲密實，才終於讓石塊穩住。第三天我得再為它找兩邊固定的石塊，依照同樣的程序與之垂直嵌入地面，最後在階梯踏面回填碎石、廢土與落葉。

我做的第一級石階，就是在不斷尋找石頭、排列組合石頭，與大大小小的石頭奮戰之中勉強完成。完成的時候，心裡沒有太多喜悅，只有自責的沮喪，因為我覺得自己做了一個健行者不喜歡走的石階。

石階狂俱樂部

當地步道俱樂部的會員似乎對做石階樂此不疲，他們會不辭艱辛地挖掘出超大型的石頭，然後幾個白髮蒼蒼的退休老人，有的賣命地拉動絞盤、有的用移石鐵撬、尖鶴嘴鋤七手八腳地要把巨石弄出來，整個過程會受到路人英雄式的注目，像是陸上版的《老人與海》（*The Old Man and The Sea*）。

週末下午，俱樂部會員中有個高中物理老師來找泰德，他驕傲地拿出兩張紙要泰德看，一張是去年他們用複雜的滑輪組吊起三百磅的巨石照片，另一張計算了角度、寫滿了公式，大概是力學原理的實務運算。泰德聽他解釋了老半天，稱許一番，我則在旁邊霧煞煞。

這一週的最後一天，泰德照例統計了工作的成果，當他宣布我們完成了十八級石階時，現場響起了一片歡呼聲，據說這是相當可觀的成果。我開始明白，就如同跆拳道最高段的黑帶榮耀一般，石階是做步道的最高難度工法，是步道俱樂部會員們心目中自我挑戰、精益求精的夢想。

而泰德是阿帕拉契山徑協會中做石階工法最出神入化的第一人，在協會為地方俱樂部開設的技術進階訓練課程中，泰德就是他們石階工法的老師。而康拉洛克也因為泰德，成為協會五個直屬工作隊中技術最強的團隊。

眾人在滿足的成就感中陸續下山，我抬頭仰望步道坡上幾週以來累積施設的整排浩蕩石階，心裡想著「好在我不會回來這邊健行」，否則我應該會走到累死，為什麼我們會親手做出自己都不愛走的石階呢？作這麼多石階真的有必要嗎？思索這問題時，眼中不覺露出迷惘的神情。

泰德邊做最後的收拾，邊向我走來，抬頭順著我的目光看去，拍拍我肩膀說：「你知道休假這兩週，我走了一趟大煙山國家公園的山徑，」接著他彎下腰，把兩手放在彎曲的膝蓋上，裝做很喘的樣子繼續說：「就是那種無止盡的上坡石階步道，我邊走邊罵『這什麼笨蛋步道工作隊，做的是什麼爛石階，走得我腳好痛啊！』」我忍不住開懷地笑了，因為我知道泰德了解我心裡的疑惑。

我想起華倫也有過類似的評論，他覺得那些步道俱樂部的會員們，自己平常根本不走步道，只會埋頭做步道，跟使用者觀點、特別是全程行者喜歡的步道有所差距。而我之所以關心步道，就是從討厭郊山全面鋪設石階開始的。

荒野的步道

雖然，此地出自義工之手、低度生態侵擾的步道工程，和台灣目前必須帶著重機具上山、不分路段，全面鋪設進口昂貴花崗岩的步道工程相比，已經有著天壤之別。但在某些時候，人們為了滿足進階工法的成就感，或是為了讓領隊計算每週成果的表格更好看，會不會還是不免多做了一些，也許不是真的必要的設施呢？

回到基地營，趁著週間的空檔，我翻閱了書架上阿帕拉契山徑協會歷年刊物，意外地發現，不止我一個人這樣想。一篇名為〈多少的建設是太多？〉（How Much Construction is Too Much? Can a Trail Built for the Future Really Lie Lightly on the Land?）的專題報導，記載了步道工作者內部激烈而精采的論辯。

早在一九八三年七月，一位阿帕拉契山徑協會區域代表摩根．桑莫維爾（Morgan Summerville），在參加過暑期康拉洛克工作隊及與地方俱樂部共同工作後，向協會總部提交一份月報告，內容是關於義工步道工作原則的觀察與思考，當時阿帕拉契山徑協會主席史丹．墨瑞（Stan Murray）也在雜誌上公開地回應他。他們的討論圍繞在步道上適切的設施標準何在？以及基於永續性、未來性的考慮，理想的步道工法應該如何？

兩人的討論從對阿帕拉契山徑協會揭示的定義出發：「阿帕拉契山徑從美國緬因州的卡塔丁山沿著阿帕拉契山脈的山脊一直到喬治亞州的史普林格山，它穿越具有獨特文化且風景優美的原野、田園、森林區域，健行者則需靠自己親自步行去體驗、遊覽阿帕拉契山脈。事實上，這個步道通常只是一個簡易的小徑，卻具有重大的指標意涵，其注重土地倫理並運用最少的器具去建造，以保護當地的資源。步道的身軀是由土地所構成的，它的靈魂則活在阿帕拉契山徑協會義工與工作人員的管理維護之下。」

而義工作為步道的靈魂，對於其肩負的任務，卻有不同的詮釋。根據一九七九年阿帕拉契山徑協會委員會通過的步道社群的基本任務應為：「阿帕拉契山徑全線應該永遠保持開放、明顯且狹窄地足夠供健行通過的狀態；步道的踏徑應當輕微地通過土地，以將對自然環境的干擾降至最低；步道應當讓通行者有一定的舒適度，同時也要和諧地融入自然環境。」而步道設置的原則是：「阿帕拉契山徑的步道應該提供健行者合宜的安全感與舒適感，並被妥善地設計、建造與維持，以減少對步道本身及其周圍自然環境的影響。」

在上述文字裡，衍生出兩派不同的看法，一派或可稱之為「自然派」，另一派稱之為「工法派」。前者著眼於「盡可能減少對自然環境的影響」，後者著重於「提供安全與舒適的步道」，兩派各有所本，相持不下。

自然派強調生態保護價值至上，簡化一切工法對環境可能造成的改變。但摩根認為，實務上必須考慮到「未來性」，而此種「未來性」與生態保護的精神—保留原貌給下一代的看法不同，他所談的未來性是，隨著時間的推移，原本在山徑上的小樹會變成大樹，影響到健行者的安全；而步道使用量會持續增加，因此在陡坡上具有一定強度的階梯、排水設施仍然有其必要。

工法派強調步道應該維持寬一些，而施設要更為堅固耐用，並且頻繁地、常態地進行步道邊坡清理，以維持清晰明顯的山徑。但是史丹主張，步道寬度與設施多寡仍應以維持步道的「穩定」為標準，在各種不同的自然環境與使用狀態下，標準會有所不同，因此適切的工法應建立在更了解當地情況方能決定，每個工作最後應當在人為設施上加以回復自然，使之與四周環境協調。

由上述不同哲學的論辯，引導出步道工法的無痕山林準則，即一條理想的步道，應該是能讓健行者願意使用，將人穿行自然會造成的破壞專注在既有的步道上，不會因為排斥設施而自行走出步道外開闢小徑；如果一條步道被健行者愈走愈寬，甚至出現好幾條捷徑，造成侵蝕面積擴大，就表示這個步道沒有規畫好，施作是失敗的。因此，好的步道社群應當在深刻了解當地的前提下進行常態維護，使步道經得起時間的考驗，既能適應大地四時微妙的變化，同時也能確保步道的安全與舒適。

回基地營的車程上，石階的問題仍然困擾著我，回憶起二〇〇二年底，我最早開始關心步道石階的兩個案例。一是在草嶺古道附近的桃源谷大草原上，不分坡度一律鋪設外來的花崗岩石階，為了把這些沉重石材運上草原，重機具的施工便道像是在草原上，劃開一道道既深又寬的大拉鏈，當時還成為四輪傳動車挑戰級的路線，在大草原上飆車。

另一件案例是在陽明山的坪頂古圳，把原有在地的安山岩石階挖起，置換成切割整齊畫一的進口花崗岩，而且在泥土步道上先鋪上一層厚厚的水泥，再把花崗岩用水泥固定其上，使得水無法回滲到泥土裡。最後，無論哪一種石材，位處水圳旁的步道上都長了青苔，下雨天穿一般鞋子去爬山，仍然會滑。而遊客在爬一般俗稱「好漢坡」類型的石階時，常都會走在石階旁邊，而不願傷腳。

上述案例並非獨特的偶發事件，從那時起，台北近郊的郊山都在進行花崗岩石階工程，步道入口還要大興土木、整出一大片開闊平台，興建有如大型廣告看板的牌坊，上面寫著步道名稱跟發包工程的政府單位。台灣的步道工程似乎強調越明顯越好，步道施作過一定要讓人看得出來，最好是前後相較有驚人的改變，跟周邊環境對比越大越好。

同樣是石階，台灣古早的工法似乎就有道理多了，石階古道在轉彎處，可以看到外側石塊較寬大，內側較小，形成自然的扇形，而且石面上都有打鑿的痕跡，既粗糙防滑，又有歷史感。

我曾經請教古道專家李瑞宗老師，他花了十年的時間研究魚路古道的歷史，以人類學訪查的方式，逐步還原出當年的古道鋪法，以清代的河南勇路來說，原來清代當地人就知道步道中間的石塊越大越好，兩邊再以小石鋪就，成為先民挑魚、挑茶葉來往金山（金包里）至士林（八芝蘭）的經濟通道，如今這段古老工法復舊呈現在金包里大道的入口段。

基隆暖暖古道的在地耆老提供了另一種石階的歷史工法，原來日治時期保正分配居民家戶分段維修步道，這段由暖暖通往十分、雙溪的古道，一路陡上，而且石階高度走來稍嫌侷促小步，經過訪查才知其來有自，原來先民利用這條古道，挑著作藍染的原料大菁去十分作買賣，扁擔長約一公尺半、大菁重約一百八十斤，因此步道的寬度大約可容扁擔通過，而高差正好是扁擔上下震動的幅度，約為八吋，先民利用扁擔由下往上彈起時，向上邁步較為省力。

以前我反對石階工程，後來當我知道古法作石階的智慧時，我才明白，石階本身可能不是「萬惡之首」，重點在怎麼作才是適切的。所謂「因地制宜、就地取材」，往往只是紙上的原則，在這裡卻是具體而細微的實踐，而所謂「適宜」的標準也會因功能、條件而改變，甚至是在不斷爭辯的過程中而有所精進的。

「荒野的步道」

史丹最後為這場理性論辯做了一個意味深長的結論，他認為當步道在持續地維護之下，工法與設施應該越來越簡單。畢竟阿帕拉契山徑本身應當就是「荒野的步道」（wilderness trail，看起來屬於荒野的一部分），而非只是一條「穿過荒野的步道」

（trail through the wilderness，帶領人通向或經過荒野的步道）。

這場二十五年前的論辯，是建立在超過一個世紀義工俱樂部維護步道的經驗法則上，而阿帕拉契山徑協會創建以來，經過七十五年的歷史累積，受到外在環境變遷（如國家公園保育等思維）的影響，步道的理念與工法也逐漸進化。目前阿帕拉契山徑協會的主要工作重點已擴展成三大主要任務：一、步道必須維護；二、將重心逐漸轉移至步道保育；三、推廣阿帕拉契山徑成為美國主要的公共遊憩資源，同時也是東部山林自然資源的綠洲廊道。

因此在二〇〇五年，阿帕拉契山徑協會（Appalachian Trail Conference）正式改名為阿帕拉契山徑保育協會（Appalachian Trail Conservancy），將保育放到工作的重心，確保未來世代能繼續享受阿帕拉契山徑乾淨的空氣和水、欣賞到秀麗的景色及野生動植物，以在步道上獲得休憩、放鬆與復原的機會。

步道的靈魂將繼續維護、保存地球的珍貴資產——阿帕拉契山徑。

10 親愛的，我把步道變好玩了

步道的曲折穿梭以及傾斜下降，乃是為了找出最省力的路徑。當你穿越它們時，不可能沒有對自然力量的特殊感受。只有羅馬人和推土機會讓一條路變得沉悶無趣。

——尼古拉・克蘭《山高水清》

假如我立志當一個全程行者，從五月中抵達美國的那一天開始，自史普林格山出發，而且腳程像華倫一樣快的話，此時應該剛好走到本週工作的區域，也就是仙娜度瓦國家公園入口往南十英哩處的駝背山（Humpback Mountain）。而那些像兩個比爾（比爾．艾文、比爾．布萊森）一樣三月出發的早起鳥兒們，以常人腳力（預計六個月完成）的速度，七月初的現在應該正越過麻薩諸塞州（Massachusetts）與康乃狄克州（Connecticut），即將進入北方最美的佛蒙特州界（Vermont）。這個季節，那裡比這裡涼快許多。

不過，這星期工作的地點還是很不錯。我們在一個美麗的湖邊紮營，而這裡是雪倫多湖濱森林遊樂區（Sherando Lake Recreation Area）的露營草地。自從在野外工作以來，第一次露營在有公共廁所、淋浴間，以及有堅固屋頂的木屋野餐區的地方。這意味著，我們不用挖野地廁所、不用搭建臨時餐廳、有椅子可以坐、有桌子可以吃飯、有燈可以看書、有充足的自來水、睡墊底下是平坦柔軟的草皮、沒有任何扎人的石塊或樹根。對一個已經習慣野地生活、一週洗一次澡的我來說，真是過度奢華的享受。

給我一個支點

因此，當我展開工作的時候，心情相當輕快。即使做的事情，仍然是挖掘邊坡、步道清理、布設石階，我也總是充滿準備學習新事物的興致，而最後真的總是會發現新的訣竅。比如，我發現一位老義工，他不需要用耙子耙土，步道邊坡卻乾乾淨淨，完全沒有廢土殘留的痕跡，因此也不需要再重新切修出被掩蓋住的下邊坡，步道做得既漂亮，動作又比別人迅速。我決定停下工作好好觀察，原來他每掘出一些廢土，就蹲下身用手抓土，大把大把往遠處分散撒開。發現這個「撇步」，我高興了好久。

找石頭也是。我發現要把石頭從土裡頂出來，不能用蠻力，只需找幾個小型的石頭，墊在大石跟長柄工具之間，就能像阿基米德一樣，「給我一個支點，我可以舉起整個地球。」當我們以團隊合作移動粗網上的石頭時，我開始想要知道考古學家怎麼解釋古埃及的奴隸移動金字塔巨石之謎。等等！或者，從台灣的經驗就找得到好辦法，日治時期為了伐木所做的「木馬道」，亦即在地上鋪一排圓形的木頭，當成滾動巨木前進的軌道。

雖然現在我們移動的是石塊，但是原理還是一樣的，如果這樣就可以省力許多吧！

腦子正沉浸在木馬道移動石塊的模擬畫面時，泰德叫住正在翻石頭的我：「嘿！銘。這個星期，我們需要很多碎石，你可以做擊石的工作嗎？」

「好啊！當然好！」我喜歡嘗試沒做過的工作。泰德交給我一把大槌子，以及一副透明護目眼鏡，以免敲擊石塊的碎片飛入眼睛。他要我在步道附近開設一處臨時擊石場，尋找中小型的石塊，用大槌子敲碎，好讓布設石階的其他夥伴可以取用。「你今天先做這件事，明天我會找人替換你；如果累了，隨時跟我說，我會幫你調整工作。」泰德交代完這句話，就忙著指導其他義工。

這星期的工作隊幾乎都是新手，當地的歐多彌年阿帕拉契山徑俱樂部（Old Dominion AT Club，簡稱 ODATC）來了很多會員，此外，還有一隊學生保育組織（The Student Conservation Association，簡稱 SCA）加入我們，再加上一個林務署的巡山員和他的狼狗，整個工作現場熱鬧非凡。

中國功夫擊石法——從空手道式到金雞獨立揮棒式

我在林間找了一塊距離步道不遠的平地，開始四處撿拾石塊。幾趟來回，在平地上堆成一座小山。然後，把眼鏡脫掉，戴上安全帽與護目鏡，綁好護膝，調整手套。舉起大槌，「砰」的一聲，大槌悶悶地擊在石頭上，石塊彈開，但只有零星碎片。

幾趟之後，我嘗試改換石塊堆疊的方法，找到一塊埋在地下、只凸起一小塊的固定平坦石面為底，然後將石塊以空手道劈磚表演的那種架橋疊法堆疊起來，再集中力道打擊中間架空的石塊，果然石塊由中心點向四面八方迸裂，碎成許多小塊。炮製這個方法，腳邊的石塊小山，漸漸變成較小塊的石堆。

在步道工法應用上，碎石的功用是強化踏徑的承載強度，同時加強步道表面的排水性。在台灣，都是直接鋪上從砂石廠磨碎成不同大小的碎石，但從工廠加工出來的碎石都圓滾滾、規格化，一場大雨下來，往往就被雨水挾帶沖掉，無法固定在步道上，只能一再地一卡車一卡車運來碎石，鋪倒在步道上，有時反而成為健行者滑倒受傷的絆腳石。相較之下，手工打擊的碎石，因為石材內在的紋理結構、外在扁平或方圓，以及敲擊的力道方向，會產生各種不規則的天然銳角，不易滾動；而當這些大大小小的碎石塊填塞石縫與石階斷面時，四周再鑲嵌大石塊圍邊，最後用大槌敲擊夯緊密實，使碎石彼此之間交叉成緊密的結構，就可以把排水耐壓的功能發揮到最大。

敲擊一整個下午，每次碎石漸成一座小山，就立即被夥伴運走鋪在他們的石階縫隙，再用槌子夯緊，小山般的碎石彷彿被土地吸收掉了，瞬即消失。由於這週的義工多，沒經驗的夥伴犯了跟我第一次做石階相同的毛病，洞挖得太大，以致需要很多碎石補救。結果我的碎石生產速度，供不應求。

晚餐的時候，我心不在焉地想著，為什麼有些石塊一經敲擊很容易就迸裂，但是有些石塊怎麼敲都只迸出火花，邊緣雖有槌子摩擦的痕跡，以及少許碎片剝落，但是大致仍堅如頑石，無法再變得更小呢？模模糊糊地回想起高中時讀到的地球科學知識，前者可能是沉積的頁岩、砂岩，後者可能是硬度高的火成岩，但是到底要怎麼從外觀分辨兩者的差別？如果我能辨別的話，就可以在撿拾的時候挑選好敲的石頭，以節省敲擊的力氣與時間了。

隔天早上，泰德詢問我的狀況，「你還可以繼續嗎？」他手指著步道上好幾個做到一半的石階，以及那些插著橘色小旗記號預備施設的點，繼續說：「這星期要做的石階很多，需要很多碎石。如果你今天可以繼續，我再找兩個人同時開設兩處擊石場，看看能不能加快進度。」我點點頭，心裡一面想著昨天歸納出來的石頭辨別法則，打算實驗看看。

果然，第二天挑選的石頭，八成都是易於迸裂的石頭，但是附近的石塊已經撿得差不多了，我決定結束這一區的擊石場，換到步道另一頭石頭較多的地方。克莉絲汀幫忙我把之前的擊石場恢復原狀，再把那些敲不碎的火成岩分散丟往遠方，並撒上落葉枯枝，這樣便看不出這裡曾經有過一番跟石頭的激烈打鬥。

在我尋覓新的擊石場時，遠方兩個女生也各自開了兩處擊石場，分擔了大夥兒頻頻向我要碎石的壓力。當我在新的擊石場繼續工作時，整個駝背山林間迴盪著此起彼落的擊石聲。

午餐過後，我已經有點力不從心。於是我開始嘗試新的擊石方法。我想到小時候崇拜

的旅日棒球明星王貞治，他那個「金雞獨立式的稻草人打擊法」是怎麼來著？「嗯，好。」我只要把橫向揮棒的方向，改成垂直的施力，我心裡這麼想著，然後將槌子高高舉起，試著把左腳抬高，然後全身同時使勁往下擊中石心，力道超猛，碎石彈射到我的護膝，發出碰撞聲響。「好像有用喔！」我繼續練習新的敲擊法，不斷調整姿勢到最好的使力角度。

一抬頭，旁邊站了兩個等待拿取碎石的夥伴，正看得出神。我不好意思地笑一笑，自己太專注了，沒注意到旁邊有人，於是我停了下來，讓他們撿取碎石，一邊喝口水。歐多彌年阿帕拉契山徑俱樂部的會長弗倫德（Friend）老太太拿著相機走來，「這是中國功夫嗎？」原來她剛剛在旁邊拍照了好一會兒。我笑笑，不知怎麼解釋。下午來要石頭的人愈來愈多，排隊等候的空檔，就在旁邊看我用古怪的馬步、運勁、扭腰、擊石。原來另外兩個擊石場的夥伴，已經溜去向泰德要其他比較輕鬆的工作了。擊石生產線只剩下我一處，但是我用的新方法並不累人，所以我幾乎沒有休息，不斷加快速度。

我是傳奇

當天晚上，克莉絲汀有點歉然地跟我說，因為找不到其他人願意擊石，我明天能不能繼續做？如果真的累了，她還是可以幫我找其他工作，想辦法找人替代我。其實，我已經愈做愈自得其樂，何況我的石頭實驗才進行到一半，敲擊石頭是認識石頭質地的好方法。

睡前我苦思著如何加快擊石速度，腦海中浮現台灣原住民在豐年祭時舂小米的節奏，現在，我又有新點子了！

隔天早上，我迫不及待地找來另一位夥伴，要來兩把大槌子，開始認真地執行我的B計畫。起初並不流暢，我敲一擊，她敲一擊，但是速度跟我自己敲最快的時候差不多，兩個人力量不一樣，舉起槌子所需的時間也不同，我可以快一點，但她會比較慢。因此，有點像一個人擊石那樣，「碰—碰—」。有時槌子還會卡到，我要敲下去時，她還沒離開。

經過一個多小時的摸索，我建議應該找到一個打拍子的方法，讓我們的敲擊富有節奏感。於是我開始哼起原住民輕快的曲子（雖然我只是憑印象亂哼一些無意義的虛詞，反正沒人聽得出來），果然開始有節奏了，迴盪在林間的擊石聲變成「碰—碰—碰—碰—碰—碰—」，連續在拍點上敲擊一陣，我大喊：「休息！」

真是太妙了！我們找到擊石的默契，邊哼著歌邊工作，「碰—碰—碰—碰—碰—碰—」，累的人就喊休息。然後繼續，「碰—碰—碰—碰—碰—碰—」。

許多人陸續聞聲前來拍照、圍觀。我常常是一整天不間斷地工作，除非領隊喊停吃午餐或收工，因此身邊的其他義工也不好意思停下來休息喝口水、吃點心，當我意識到大家都忍不住停下來休息，並且注視我的工作時，我的腦中突然浮現了華人移民工早期在美國西部修築鐵路的情景。

原本步道義工可以隨個人的狀況自由決定休息時間，後來，泰德大概為了因應我的工作狂熱，改成每隔一個多小時，統一對著夥伴們大喊「休息」，然後走來強迫我暫停工作。

這週工作結束時，當我揹著大約十磅重的移石鐵撬下山時，放眼望去，整座山在我眼裡只有兩種東西，一種是好敲的石頭，另一種是不好敲的石頭。而當眼睛搜尋到好敲的石頭時，要費很大的力氣，才能制止自己想去把它挖起來敲碎的衝動。我想我只修練到「見山不是山，見水不是水」的境界，還沒有到禪宗萬物皆空的「見山還是山，見水還是水」的無入而不自得的段數。

泰德宣布本週的工作成果，短短一週內，完成二十七個石階、兩個石造排水溝、五個木梯，嚴格說來只有一處擊石場在供應所需碎石，卻提供了創紀錄的一百三十五平方英呎的碎石級配。克莉絲汀轉過頭對我說，「你真是阿帕拉契山徑協會步道工作隊的傳奇（Legend）」。

夥伴們的狂歡

回到奢華的營地，當地歐多彌年阿帕拉契山徑俱樂部的會員家人已經擺好了滿桌的食物，有番茄義大利麵、大蒜麵包、熱狗夾麵包、薯條等典型的美式食物，還有可樂跟啤酒。真好，今天連晚餐都可以不用煮，還可以吃到飽。

正式開動前，俱樂部會員獻上一個神父的領巾，要泰德圍在脖子上，為大家做餐前的講話。泰德穿著髒兮兮的T恤跟有破洞的褲子，掛著那條白領黑巾，模樣非常好笑。泰德最擅長裝模作樣地講笑話，他拼命地假裝清喉嚨，然後一本正經地說：「謝謝你們，準備這麼豐盛的晚餐，我們開動吧！」

大家迫不及待開動，充滿了笑聲。不一會兒，兩個幾天來都在奮力拉動絞盤拖石頭的老先生，換上了一身乾淨的夏威夷衫，兩人手上都拿了把吉他，另外幾個人忙著架譜架、擺上歌譜。兩位老先生正在調音時，又來了一位同樣盛裝的女士，原來今天還有表演節目。

他們演唱自己改編的曲目，每首鄉村音樂的內容都跟步道、健行有關，我正跟著輕快的音樂搖擺拍手之際，冷不防泰德走來把我拉起，然後拉著我團團轉，搞笑地跟著音樂歌詞做動作、跳舞。我笑到上氣不接下氣，夥伴們跟著胡鬧起鬨，都樂不可支。

好不容易掙扎下台，回到座位上，老太太弗倫德坐到我旁邊，像對自己的孫子那樣，慈祥地笑著拍拍我的頭。因為我總是會走在隊伍最後面，因此知道她的膝蓋已經很難彎曲，卻堅持每天都要上山跟大家一起工作。她和每個義工講話，為大家拍照，這是她的主要工作。因為她的緣故，俱樂部非常有向心力，每個人都很敬重她。

天色暗下來之後，如果在野地，大家就會結束聊天跟搞笑，各自摸回帳棚早早就寢。但是這週大概是因為有電燈的緣故，沒有人打算早睡。特別是有學生步道社團在的場合，就像當年我們年輕時，在外過夜總是不想睡，珍惜每一分鐘和夥伴玩鬧的機會，然後隔天早上，仗著年輕氣盛，照樣早起工作。學生保育組織召募高中生每次上山工作長達三十天，上週跟我們工作的則是維吉尼亞理工大學（Virginia Tech）的步道社團，以及到林務署進行暑期實習的大學森林系學生。我想，如果台灣也有步道學生社團，那我就不用千里迢迢跑到這裡體驗不一樣的山徑生活了！

泰德遞給我一瓶啤酒，我們坐在木屋的欄杆上閒聊。這次他不像平常那樣不停搞笑，安安靜靜地若有所思。他說每週工作結束後，回想起來都覺得很神奇，帶著一群新手，沒想到短短時間內都能做出成果來，算一算手上幾個進行三至五年的改道計畫，今年工作季結束前應該就會完成，而今年完成的工作甚至比往年多，也算是破了他自己領隊生涯的紀錄了。

「明年我就不會回來了。」泰德眼睛看向遠方，我驚訝地看著他，暗暗的燈光下，他的眼神有點感傷。

意外的邀約

泰德之前做過林務署的打火員，搶救過幾次森林火災。二十一歲的時候進入阿帕拉契山徑協會，從當傑森的副領隊開始，以師徒制的方式學習步道工法與帶領義工，三年後升任正式領隊，擔任領隊至今已經五年了。看得出來他很喜歡這份工作，但是因為阿帕拉契山徑協會的經費有限，專職領隊只是三季的工作，並非全職，這意味著沒有醫療保險、沒有退休金等福利，每年冬天的工作都要另外再找，才足以負擔生計。

他想申請阿帕拉契山徑協會管理職位，但是礙於學歷，試了幾次沒有結果。於是他想念研究所，年近三十也開始想要買屬於自己的房子。「你知道嗎？那些坐在辦公室吹冷氣寫計畫的經理，在他們的規畫裡，駝背山這段改道應該早在兩年前於一週內完成的，但是這段計畫因為現場材料取得、天候變化等因素，前前後後來了六週，到現在才完成。」

步道工作隊領隊在第一線工作，除了辛苦的體力勞動之外，還要耗費心力經營與社區俱樂部的關係，大量接觸、鼓舞義工，每週全時工作，他們最了解步道，卻只領兼職者的計時薪水，也缺乏往上升遷的管道。我本來天真地想像，天底下有什麼工作比這更讚，整天可以在戶外活動，還可以當工作領薪水，充分地結合興趣與生活，完全沒想到現實層面。

大鬍子也有憂鬱感性的一面，當我正色告訴他，「你是一個優秀的領隊，你在重要關頭做出很多睿智的決定，我真的覺得你很適合這份工作，如果你離開，我會覺得很可惜。」泰德的眼睛裡閃爍著淚水，我恢復搞笑地說：「雖然這份工作的壞處是，常會遇到像我這種麻煩又討厭的義工。」他哈哈大笑起來，轉頭又認真地說：「你不是那種討厭的義工，說真的，你要不要認真地考慮留下來當領隊，你是我看過最適合這份工作的人。」我頻頻搖手，「我不行啦，其實我已經很老了，哪有超過三十歲的領隊啊！況且我的英文那麼差，義工會聽不懂我到底要他們幹嘛。」他笑著說：「我跟克莉絲汀可以幫你補英文，或者，乾脆我們開一個專門講中文的工作隊給你帶。」他認真地說：「真的，好好考慮我們的提議，希望你留下來，我跟經理討論過，我們可以處理工作簽證的事，不開玩笑了，請你認真地想想，不要急著拒絕我們的提議。」

隔天開拔回基地營之前，克莉絲汀似乎知道我跟泰德前一夜的談話。她問我，「你覺得泰德的提議如何？我真的希望明年起，你可以當我的副領隊，我們可以一起工作，那一定很好玩。」沒想到他們這麼認真，我開始有點動搖了，認真衡量在台灣讀到一半的博士學業，還有那些投入的環保運動、步道運動，當然還有我的家人。

這週克莉絲汀的媽媽從紐澤西州（New Jersey）特別開車來當義工。為了這件事，克莉絲汀很早就期待著，並且向我預告，我將會在這季第八個工作週跟她媽媽一組。她之所以那麼興奮是有原因的，她在紐澤西的家族親友們都反對這份居無定所的工作，尤其是她爸爸非常不諒解，親友們三不五時就問她父母：「克莉絲什麼時候才要找一份正職工作穩定下來？」只有她媽媽願意親自來看看她在做什麼，每年必定抽空開十二個小時的車，來跟女兒一起工作一週。

這回剛好當地一家報紙報導了我們的工作，採訪了克莉絲汀，她的媽媽下山到加油站的超商買了很多份報紙，驕傲地要帶回去分送給親友們。有一天，我跟她媽媽同行，說到工作週結束後，克莉絲汀要帶媽媽去健行的計畫。我問：「妳是不是從小就帶著克莉絲汀到處去玩，她才會這麼熱愛戶外活動？」這位擔任幼稚園老師的媽媽笑著說：「在她十二歲的時候，我帶他參加一個親子同行的戶外俱樂部（Outdoor Club），那時常常去露營、健行，後來她再大一點就自己去學攀岩、獨木舟運動。

現在換克莉絲汀帶我四處去玩，所以我不能老得太快，不然就跟不上克莉絲汀了。」

明年克莉絲汀升任正式領隊，雖然她一路從義工到副領隊，也有四年的資歷，具備一切條件，甚至對義工的觀察與照顧比泰德更細膩，但是做為阿帕拉契山徑協會有史以來第二個女性領隊，她需要克服更多的挑戰。例如有些步道義工參與工作隊已經超過二十四年了，就像這星期當地俱樂部的白髮老先生們，他們或許出於好意，常會出手一把搶去她手上的工具，搶著做那些粗重的工作；而對於布設石階有所爭論時，男人們寧可走去遠方向泰德詢問。克莉絲汀苦笑地告訴我：「我得比別人付出更多努力，去證明自己也可以做到男人做的事情，甚至比他們更好。」

「好了，認真想想，來當我的副領隊。關於語言的問題，妳不用擔心，我是領隊，我來跟義工們溝通就好了，妳有的是時間慢慢學。」克莉絲汀繼續「言歸正傳」地遊說我。天啊！如果連克莉絲汀這個比我還壯的女生都這麼辛苦，他們是從哪裡生出的信心，相信我可以一舉跨越語言、膚色、年齡、性別的障礙，成為他們的工作夥伴呢？

我返回台灣以後，參與林務局推動的「步道工作假期暨步道志工推展計畫」，於二〇〇七年底邀請克莉絲汀代表阿帕拉契山徑協會來台，在二十天的緊湊行程中，克莉絲汀在林務局完整地分享了阿帕拉契步道志工的制度與經驗，同時也攀登了玉山、雪山兩座高山型國家公園。她回到美國後，將台灣的高山美景與正在起步的步道志工概況，專文介紹發表於該協會的《阿帕拉契山徑之旅》（*AT Journeys*）雜誌上，引起許多義工的迴響。二〇〇七年她正式升任領隊，二〇〇八年七月底，我接到她的好消息，她獲得了大煙山國家公園步道部門的全職工作（full-time employee of the Great Smoky Mountains National Park Trails Division）。她將負責步道評估、規畫，及步道工作的管理，也將負責義工計畫。信上寫著：「我有提到這是一份『全職工作』嗎？這意味著我將擁有完整的福利與退休金呢！」

11 再別新橋

我們站立在高高的山巔
化身為一望無邊的遠景，化成面前的廣漠的平原，化成平原上交錯的蹊徑。哪條路、哪道水，沒有關聯，哪陣風、哪片雲，沒有呼應；我們走過的城市、山川，都化成了我們的生命。
我們的生長、我們的憂愁
是某某山坡的一棵松樹，是某某城上的一片濃霧；我們隨著風吹，隨著水流，化成平原上交錯的蹊徑，化成蹊徑上行人的生命。

——馮至〈我們站立在高高的山巔〉《十四行集》第十六首

現在是七月中旬了，夏至已過，節氣正從小暑邁入大暑，這時節連最懶惰的全程行者都已經到達新英格蘭山徑。南方阿帕拉契山徑上揹著重型大背包的健行者幾乎絕跡，山裡偶爾才見得到一、兩個輕裝的一日健行者（Day Hiker）。

從五月立夏之後抵美，已經在阿帕拉契山徑兩個月了，步道工作也進入最後一週，對於即將告別已漸漸熟悉的事物，感到有點不捨，工作人員一直想留我待到整個工作季節結束，那意味著還要再停留三週。

而我卻感覺血液裡有種往北遷徙的衝動，可能是體力勞動已經超過極限，也可能是想要看看偉大山脈的不同面貌。彷彿克里斯在我耳邊反覆地說：「不要安定下來住在同一處，向前行、流浪，讓每一天都有新的視野。」

決定要離開，反而開始為他們擔心起來，真難想像在這種窒熱裡，接下來要怎麼工作。在樹林裡曬不到太陽，氣溫卻跟體溫差不多，空氣裡沒有半點風，我坐在路上小橋的梯階上喘氣，手已經懶得再抬起來擦汗，頭髮裡彷彿安裝了一只無法關上的水龍頭，只能任由汗水沿著頭髮滴落，流進眼睛裡；我的全身衣服都被汗浸濕，緊黏在皮膚上，毛細孔幾乎被不斷湧出的汗水窒息了。這是我第三次停下來大口喘氣，背上還揹著工具，還沒走到堆放材料的空地會合點，這段路程大約四英哩，水壺裡的水已經剩不到一半。

遇到瘴癘之氣？

歷經幾番休息，終於抵達當地步道俱樂部事前堆放材料的空地，我忍不住將背上所有東西都卸下來，跌坐在地上大休息。泰德要大家趁空檔，拿出午餐來吃，我毫無食慾，只想坐著。當地俱樂部匹得芒阿帕拉契山徑健行會（Piedmont Appalachian Trail Hikers，簡稱PATH）的負責人比爾在那裡叼著菸斗等待我們，他矮矮胖胖的，腳上穿著德國婁瓦（Lowa）登山鞋，就是那種時間到了會粉碎的環保鞋底。見我在打量他的鞋子，大概他對東方面孔也非常好奇，就走來坐在我旁邊。

等待其他義工陸續抵達的空檔，他指指地上堆放的木材，跟我說：「這堆預備用來做橋的木材，是前兩天我從林務署回收木材倉庫裡找到的，我們即將做的橋，完全不砍一棵樹喔！」他抖抖菸斗，繼續說：「這些木材最早是東部鐵路幹線的軌道枕木，公路運輸開始逐漸取代鐵路之後，鐵路陸續廢線，許多鐵軌就被拆除，枕木就回收到林務署倉庫裡。」他又檢查了一下菸斗。

「哦，所以這些木材就是那批枕木？」我問。他轉頭看我，笑說：「別急，孩子，故事還長呢！維吉尼亞與西維吉尼亞交界有一條新河（New River），我知道你們兩週前在那附近工作。其實這條河一點也不新，根據地質學家考據，它是全世界第二老的河流，最早西方發現者用它運送木頭到下游貿易，所以稱呼它為『木河』（Wood's River），後來又被來此的殖民者『發現』，因此叫『新河』，早期移民就是利用新河穿越阿帕拉契山脈。」

他重新填放菸絲，我耐心地等他點火：「一九八〇年代設立了『新河峽國家河流』（New River Gorge National River），河邊開始鋪設自行車道，這批枕木就被挑選去，成為自行車道的一部分。有一年新河氾濫，沖毀自行車道，政府評估那裡是行水區，不適合布設自行車道，所以這批木材又回收到林務署倉庫中。它們在倉庫中躺到前兩天我去為止，現在，它們的一部分要成為我們的新橋材料了。」他滿意地抽著菸斗，其他義工也已經抵達了。

我拍拍屁股站起來，比爾要帶領我們，將這批木材扛上新橋的鋪設地點。我試著扛起兩塊木材，放上右肩，覺得可以負荷，就開始往上走。往工作點的步道，一路上坡將近一英哩，我扛著長長的木材，越過一座橋，又經過兩個沒有橋的小溪流，小心維持平衡跳石而過，直到感覺右肩被木材摩擦至瘀血為止，才把木材放下來喘口氣。不遠的前方，有一棵大樹橫倒在步道中央，泰德正全副武裝嘗試鋸開大樹。沒想到鋸沒多久，補充的油料沒有帶夠，電鋸無法運轉。我們只好先將木材丟到大樹另一邊，然後爬過大樹幹，接著木材重新上肩，繼續往上走。到達設橋處放下，又往回走，重新來來回回地搬了三趟，右肩膀劇痛又換左肩，半途停下休息的次數也變多了，最後總算搬完所有的材料。

接著我們要把部分工具揹到另一處改道的工作點，那是一英哩半不斷上坡的路程，我感覺自己的腳已經不聽使喚，兩側肩膀也痛得無法再揹東西。整個隊伍走得相當慢，大家都顧著喘氣，沒有開口說任何一句話。好不容易翻越稜線，稜線另一面終於有風，我再度大休息，水壺已經空了。稜線上天空陰沉沉的，遠方已經在打悶雷，空氣中濕度相當大，悶熱毫無好轉的跡象，連小時候在台灣南部熱帶氣候成長的我，都難以忍受，更何況是其他白人。更難受的是，只要停下來，頭上就飛滿小小的蟲子，嗡嗡地在耳朵旁邊，逼使你無法在一個地方停留太久。你得不斷保持動態，才能稍稍拉開被蟲蟲包圍的距離，但這仍不保證安寧，我感覺到裸露的手臂跟褲管裡奇癢無比，卻看不到有蟲蟲在叮咬，只能本能地拍打自己，但臉上、脖子上、手臂上仍然佈滿大大小小被叮咬而腫起來的包。

記得先前在REI的店裡，有看過一種附有小蚊帳的寬沿帽子，我當時玩鬧地戴上，覺得自己活像養蜂人家。華倫曾描述夏天走到賓州那段山徑時，會被一群小黑蚊追著跑，牠們彷彿餓了一整個冬天，聞到人血就一擁而上，需得戴上這種罩住頭臉跟脖子的紗網才不會被逼瘋，當時我還不信，現在才了解那並非誇大的做法。為了擺脫蟲咬，我只好繼續走路，終於走到改道的起點，響雷也趕上來了。我放下工具回頭看，泰德一直沒有出現，今天泰德沒有一馬當先，相當不合常理。

其他義工大概都累壞了，或是不耐蚊蟲一路追趕，丟了工具馬上就往營地方向走去。

我有點擔憂地坐在路邊等待泰德，閃電已經落在不遠處，雨打葉子的聲音像大軍壓境，由遠而近。我倒是沒有打算起身躲雨，也許淋一場雨還能緩解悶熱。泰德終於走上來了，他的臉色相當難看，正在劇烈地喘氣，我從未看過他這樣。「其他義工都下山回營地了，雨快要下下來，我們是不是要趕緊藏好工具？」他無力地點點頭，從背包裡掙扎地拿出防水布，頭頂上的雨已經開始變大顆，我們沒再交談，快手快腳地將大家丟一地的工具收好，用防水布包起來，再用石頭壓住。雷雨已經完全籠罩我們，泰德手撐著樹幹，示意我先走，他已經走不動了。

在雨中又走了四英哩路才回到紮營地，我中途又停了幾次，等泰德出現在視線範圍內，才又繼續往前走。匹得芒阿帕拉契山徑健行會的會員已經開始煮起晚餐，義工們全都回到營地，但泰德過了一小時後才出現，他勉強擠出一點笑容，表示要先去睡覺，不吃晚餐了。另一個年輕大學女生也說吃不下，回到帳棚去躺著。隔天早上女大學生被副領隊緊急送回基地營，通知她父母來接；而平時早起的泰德，罕見地直到出發時間的八點才勉強起來。這裡的天氣真是折磨人，連硬漢泰德都病倒了，我想這就是祖先渡過黑水溝，在山區開墾時所遇到，或更早以前諸葛孔明七擒七縱孟獲時，大軍所遭遇的「瘴癘之氣」吧！

超有型步道俱樂部

準備吃晚餐前，我囫圇灌下一瓶啤酒。大雨之後，傍晚空氣逐漸轉涼，健行會準備了B.B.Q.大餐，還特別為我準備素肉漢堡，香味陣陣飄來，喚醒我失去一天的食慾；這週因為天氣悶熱吃不下，我索性放棄每天的早午餐，只吃晚餐。我站起身去洗手，發現健行會真是一個具有環保巧思的俱樂部，他們用兩個水桶，一個裝附近汲來的溪水，另一個裝洗過的廢水，中間用一個有附空氣踏板的塑膠管，只要用一隻腳踩動踏板，水就會被吸上來，兩手放在管子前就可以像用水龍頭一樣洗手，旁邊還有個小網子包住肥皂，洗過的廢水徹底回收，滿了再倒去濾水洞過濾排出。吃完飯，垃圾及廚餘都要分類回收，徹底帶下山去。

比爾驕傲地向我介紹匹得芒阿帕拉契山徑健行會的特殊之處，它跟之前幾週遇到的社區步道俱樂部型態相當不同，雖然負責維護匹得芒（Piedmont）這一段山徑，但是會員都不住在這附近，他們是由全美愛好阿帕拉契的健行者組成，他們想要藉由另一種方式回饋步道，比如這次就有許多專程從中西部、北部遠道而來的健行者，單程開車都超過一千英哩以上。距離最近的從維吉尼亞來，那位夥伴也是當地羅納克阿帕拉契山徑俱樂部的會員，當晚他開車抵達營地見到我時，很開心地和我擁抱打招呼，他就是我私下暱稱「石階狂老人大衛」，專程為了做橋趕來。

可能是因為這樣，健行會繳納的年費比其他社區俱樂部低，但是每次參加活動的費用收得比較高。比爾自豪地說，活動費用高是因為他們營地豪華、備有大餐和喝到飽的啤酒，不過也有些會員會鑽漏洞，比如這週有兩位當地會員報名參加康拉洛克的工作隊，就是為了不用交錢。更負盛名的是他們「兵團式」的操作，他們設定工作、精確備料、強調環保、效率分工，各自負責完成既定工作，以確保在週末假期內完工。我注意到這帶山區的山徑相對於前幾週所見的都要來得窄，多數地段僅容一人通行，而且延伸到步道上的樹根與進入步道邊緣的樹都予以保留，因此部分步道邊坡被沖積而向下微傾。我們從步道表現出來的樣貌，就可以得知負責維護的俱樂部的理念特色，以及會員們住得離步道多遠（通常會員住得愈接近，步道路徑就會因勤於維護而愈清晰分明）。

「那你呢？你為什麼這麼老遠來這裡？」比爾將啤酒空瓶放在腳邊，拿出菸斗，想要換個話題。「我想要知道，不用工程的方式，不依靠政府，我們可以怎麼做出自己喜歡而且理想的步道。」我簡潔地回答，因為這幾週我已經回答不下數十次了，而且通常這只是一個禮貌性的社交的話題，我只需短暫回答即可，而我有限的英文程度，也僅止於此，然後大家就會轉移話題，進行其他更符合當地文化脈絡的對話。但比爾瞇起眼睛，把身體傾向椅子靠近我的一邊，他是個喜歡打破沙鍋問到底的人，難怪他知道那麼多事情，而且喜歡說很長的故事。

兩種極端的步道

「在台灣的步道，就我的觀察，大致可以分為兩種，」我只好啟動所有的單字系統，用破爛的英文試圖解釋我的想法：「一種是中高海拔山區的山徑，另一種是位於都市近郊的步道。前者平時人煙較少，只有愛好登山健行的人會去，土地大多屬於中央政府，像是林務局、國家公園等；後者假日去的遊客較多，比較靠近社區，土地主管機關可能是縣市鄉鎮政府，還有不少私有地，地權零碎複雜。也因此，附近的民眾可能會想動手把小山布置成自家後花園，把沙發搬上山，在樹根草地上鋪地毯，自製呼拉圈、盪鞦韆等運動器材，在此泡茶、運動、種菜，甚至唱卡拉OK。如果是通往瀑布的，瀑布下面還有自製棧板、繩索方便大家沖瀑布。若步道比較濕滑，民眾會把自家不要的各種廢材拿來鋪在步道上，比如我曾看過在台北縣近郊一處步道上，有將近二十種想像不到的材料，廢輪胎、汽車腳踏墊、磚頭、地磚、門板、地毯、橡膠拼毯、沙包、乾掉的水泥包、浴室止滑墊、堆貨棧板等，應有盡有。這類環保回收材料不一定對生態好、無法解決步道遇到的問題，看起來也很雜亂，但好處是，社區民眾具有參與跟動手做的質樸精神。」

比爾笑出聲，聽得興味盎然。我停下來喝口啤酒繼續說：「另一種極端是政府發包的步道工程，這種工程往往造成更大的生態破壞，把所經之處都先剷平，砍掉原生樹種再種些外來園藝景觀植物；步道本體鋪上水泥隔絕水土，用以固定鋪面。這些材料往往大老遠從國外進口，然後整條步道最後都長得一樣，過幾年加做扶手欄杆，再過幾年加做涼亭，一條步道每公里至少都要花上一到兩百萬，沒幾年步道長了青苔、滑了、舊了，又得再發包一次，重新打掉再建。這種現象從地方到中央政府都有，步道被視為政績建設，投入多少經費表示對地方的照顧程度，有的時候還涉及工程弊案和貪污等事件。當然，這幾年政府在林務局、國家公園範圍內，開始推動生態工法和國家步道設計準則，雖然愈來愈強調減少破壞生態，但還是以工程的角度思考步道設施。問題是，國家的財政負債已經高達十三兆，每個納稅家庭分擔兩百多萬，要還兩百多年才還得完，我們不能總是期待政府為我們做所有的事，也該思考我們能為自己的環境做些什麼。」

「你們那邊都沒有像我們這裡為步道做點事情的民間團體嗎？」比爾關心地追問。「有些登山團體會認養步道，不過僅止於撿撿垃圾、淨山而已，可能類似你們這裡的西耶山社，有半天、一天的撿垃圾、除雜草這類步道工作。不過，我們的淨山義工，不像你們還要交很多錢，有時甚至還有T恤、紀念品可拿。慚愧的是，光是撿垃圾每年就要清理好幾噸，台灣有很多一萬英呎以上的高山，光是合歡山一年就六噸，台灣最高峰玉山八頓。我們的國家公園有一種保育志工，他們的工作項目裡面包含簡易設施維修，不過大多還是以遊客行為勸導為主。以前我總是在問，在這兩種極端之間有沒有其他更好的辦法？來這裡看過以後，我便想，如果有機會讓人們動手做步道，也許他們就會更了解步道的環境，更願意在日常生活的行動中，做出對步道和環境友善的事情。」我把啤酒喝光，拿著空瓶在手上轉動著。

「阿帕拉契山徑的經驗並不是一個剛開始就完美無缺的故事，」比爾把菸絲倒掉，收起菸斗：「好比這附近的社區吧！他們想要在國家森林裡打獵、伐木，但是阿帕拉契山徑穿過此地，附近被列入保護的範圍，因此這裡的居民可能覺得行為被限制了，他們討厭我們這些外地來此做步道的人，會故意砍倒樹木阻擋在步道上，或是把垃圾大規模傾倒在山徑跟道路交叉口附近，以前我們的營地還被不知名的人倒馬糞、馬尿，大概是因為阿帕拉契山徑禁止騎馬跟自行車的規定吧！但是社區居民也沒有想過要為這步道做些什麼事情，而騎馬或自行車的人，因為沒有參與做步道，所以不知道他們的輪子與馬蹄會對山徑造成什麼破壞，這些都是不同使用者對這塊山林看法不同所致。關鍵在於要用雙手去感知，才能啟動我們看待山林的心靈之眼。」比爾起身打了個呵欠，向我說晚安。

其他人都準備要鑽回帳棚，明天還要工作。原本汗濕的衣服已經被涼風吹乾，我走出營帳抬頭看看天空，林間空隙的夜空上，掛滿了星星。

沒有一棵樹因為這座橋倒下

越過預定做橋的工作點，再往下走了一段路，終於在步道邊上看到一棵相當長而粗壯的倒木，已經去好皮了。匹得芒阿帕拉契山徑健行會果然是個有效率的俱樂部，事前準備功夫都已做好，讓各地來的會員們可以在週末兩整天內完成工作，再趕回去。

比爾跟泰德開始動手在木頭上綁繩索，以一條粗繩相隔大約一英呎綁上一圈。泰德邊工作邊向大家介紹，這棵樹剛好是前一次暴風雨倒下的，長度大約二十三英呎，足以橫跨溪流。再往下方處，還找到另一棵倒木，等一下移動完這根，我們要再過去那裡。接著每人手上用一圈粗繩穿過樹身主繩十字交叉的部分，比爾在頭端的繩索上再綁上一條比較長的拉繩，接著就要我們全都站到倒木的左邊，用右手抓住各段繩索，比爾帶頭控制方向，聽比爾號令，「一、二、三，拉！」「一、二、三，拉！」，我們前後腳踩在一起，撞成一團、跌坐一地，好像拔蘿蔔一樣。比爾眼看使力空間不夠，要夥伴們分站左右，以拉開前後距離。這工作有點像拔河，不同的是，對面沒有一列對手。跟你互相拉扯的，是地上這一根沉重的木頭。而在這種天氣裡移動木頭，節奏明顯緩慢下來，聲嘶力竭地吼叫拉動，木頭只移動不到一英呎；拉動兩次，就要停下來大口喘氣，重整軍心。平時空手健行，對這段上坡坡度沒什麼感覺，現在拉著木頭，就有努力衝破一切，掙扎逆流而上的感覺。

午餐休息之前，我們只把一根木頭移到定位：利用原有的舊橋為基，把木頭橫跨溪流，暫時放置在舊橋上。我覺得奇怪，原先的舊橋似乎還堪用，為什麼要再做新橋呢？比爾告訴我，這一帶山區的特性，就是濕熱，而且午後常有雷陣雨，每逢大雨，山徑容易淹水。當比爾這樣形容時，我突然想起台灣南端的「浸水營古道」。前一段時間，因為上游濫墾濫伐，山澗暴漲的規模變大，溪谷被沖刷的情況嚴重，危及舊橋安全；根據健行者的回報，下方來時坐著休息的橋樑，大雨過後甚至泡在水裡，無法通行。這回我們之所以把營地設置得離工作點那麼遠，也是因為怕溪水突然暴漲的緣故。因此這座新橋要架得比較高些，而且跨距也要更長些。

泰德在旁邊補充：「其實我們這週做的橋有點違反阿帕拉契山徑協會的規定」，我很訝異地看著他，他繼續說：「按照規定，義工只能施作跨距二十英呎以內的橋，超過二十英呎要由工程師設計監造，這是為了確保安全。」

「原來這裡也有專門的步道工程，是嗎？」我疑惑地問。

泰德回答：「絕大部分的工作都是簡化設計到義工就可以執行，其實二十英呎以內的橋也有相當高難度的施工，義工隊伍都可以完成。但是工程師的設計，不像你說的台灣那種工程發包，而是由專業的步道工作隊來做。我以前也曾經去這種工作隊工作，不同的是，我去工作是按天領薪水，每個成員都是像我一樣專業的。」

泰德笑笑又說：「那種工作好處是不用帶義工，不用處理各種義工不同的狀況，但是相對的，跟其他人也缺乏交流，下工就回自己帳棚睡覺，也不會像現在這樣跟你有這麼多有趣的對話啦！」我們都笑著站起來，繼續工作。

下午移動另一根木頭之際，有兩位夥伴負責先鋸好板材。當我們把木頭移動到定位之後，就要開始拆掉舊橋，並且為這兩根橋底下的基木做固定。我們在釘鋼釘，架上基木時，發現兩棵樹徑有點差距，雖經削鋸調整，仍然略微傾向一邊。為了補救這個問題，泰德決定把舊橋的基木保留，在橋面傾斜的一邊，用多餘的板材釘上扶手，扶手的基座就固定在舊橋的基木上，這樣一來，就可以解決「沒有砍一棵樹造橋」的一點小問題。我看得目瞪口呆，沒想到匹得芒阿帕拉契山徑健行會這樣堅持環保生態的理念，而泰德豐富的工程經驗，竟然能巧妙地運用手邊的材料，在發現問題時解決問題，真像馬蓋先一樣。[9]

廁所也可以很環保

跪在橋上敲釘子的時候，我很高興自己又學做了一件新的工作，但是步道上還有好多工作，比如我就很想參與做生態廁所，這是更富挑戰性的工作，可惜我還沒學到就要離開。休假時我在大煙山國家公園的冷水泉山屋（Icewater Spring Shelter）附近看過，大概是因為冬天冰封，廁所管線容易爆裂，或是不願排泄物隨意沖到自然環境裡，因此美國國家公園、森林、山區都使用堆肥廁所，使用的方法很簡單，就像家貓使用貓砂一樣，上完廁所後覆以腐葉木屑，馬桶座底下有個桶子蒐集儲存。當時我在那座生態廁所牆上看過告示，大煙山國家公園的步道義工負責維護，滿了以後固定翻攪，待其發酵熟成，就要移到山下。

曾聽師祖傑森說過，生態廁所的做法也歷經幾代的變革，早期一個廁所屋子下面就連著蒐集桶，在旺季人多時很快就滿了，因為尚未發酵完成，滿了只能另行在林間再造一間生態廁所。後來經過每年一度的工法會議討論，決定建置一個較大的廁所基座，下面有三個蒐集桶的空間，第一個滿了就把上面的房子跟馬桶一起移動，放在中間第二個蒐集桶上，依此類推到第三個將滿時，第一個已成為堆肥了。如此一來，一個廁所基地就可以長久使用，不至於每次都要封閉廁所，改換地點新建。

這個故事是一個新思維的典範，過去我們習慣用一次性工程解決一切，包括應付生態問題，比如在攔水壩設置魚梯，好像魚就會自己逆流而上，但是工程結束後，沒有持續觀測是否有魚使用、成效如何？工法成功或失敗？如何改進？或者，例如整治溪流，把兩側與河床用水泥鋪起來的「三面光」傳統工程作法，改成在水泥上敷上整齊的石頭，實際上游魚仍無處躲藏、生養。沒有反覆實驗、持續監測、維護、觀察的「生態工法」往往只是一個美麗的口號，而河裡的游魚只會愈來愈少。

9 阿帕拉契山徑協會並不鼓勵設置橋樑橫越溪流，尤其在北部的新英格蘭山徑，因為當遇到春天雪融季節，或是南方的熱帶氣旋、龍捲風等天災，再加上河流經常性的改道，即使設計時估計能應付超過一百年一遇的大洪水，卻往往維持不久就被沖毀。因此，在路線設計上，就會選擇減少穿越溪流的次數，若要穿越溪流，也會選擇就地以最簡單的材料修建，或是盡量利用現有道路橋樑，以避免耗費昂貴的興建與維修成本。

決定興建橋樑的原則有二：一是基於遊客在雪融後的健行季節的安全性，以及該溪流的季節性水量大到無法涉水而過；二是為保護脆弱的地形或資源。

而河流又可區分為上游與中下游兩種不同的考量。一般在河流上源，河道窄小、或有大石，降雨跟水量都很大，因此通常以排列跳石或作簡易的獨木橋、木板橋為主。下游谷地河寬、流速慢，但水量大、水位高、河道改變大，應尋找適宜渡河廊道，作跳石、棧橋、木板橋、圓木橋，甚至有橋墩的橋。跨距超過二十英呎的橋必須由工程師設計，在濕地等敏感地帶施工必須取得許可。不論哪一種橋樑，最重要的是由地方俱樂部固定而長期的維修。

我想起玉山國家公園在二〇〇三年底新建的高山生態廁所，這兩座由工研院協助研發的超炫廁所分別位於孟祿亭及白木林，也就是從塔塔加登山口到排雲山莊之間，廁所屋頂上有風力發電跟太陽能面板，所以不用拉電線就有照明，乾濕分離的蹲式馬桶與處理槽也不需要沖水，上完廁所轉動一個像舵的把手，就會帶動儲存槽內的攪拌器把木屑跟糞便攪動在一起，這個儲存槽兼發酵槽的構造，利用自然堆肥方式，不添加化學藥劑，使內部微生物慢慢進行生物分解活動，最終將排泄物分解成的有機肥，而發酵過程中產生之臭氣或沼氣，則以負壓方式藉由排氣管從屋頂上方排出，以減少廁所內的味道。由於廁所所在地無水源，設計出不需用到水的乾式生態廁所，同時也能避免冬季水管結冰爆裂，造成無法使用的困境，只需每半年取出部份堆肥並加入新木屑或腐植土即可。隨後玉管處又在二〇〇五年於觀高山屋、二〇〇六年在南橫的庫哈諾辛山屋附近，興建兩座類似的乾式生態廁所，雪霸與太魯閣國家公園也在做類似的嘗試。

不過，這幾座高山生態廁所的造價都不便宜，每座造價都在兩百萬到三百萬之間，之後的維護管理皆由各國家公園管理處負責。遊客們或因對使用方式不了解，或是登山觀念沒有跟上高科技，以致於廁所裡常會被丟入許多無法分解的保特瓶、衛生棉乃至各種垃圾，甚至提水去沖，遊客們並沒有意識到維護生態廁所的責任，因此原本預期生態廁所能產生的效果並不理想。許多登山團體提出個人挖貓洞，以樹枝翻攪、覆蓋腐植土，或主張分散且不掩埋，甚至用密封袋把自己的糞便揹下山，以建立個人負責的無痕山林觀念。形成了登山行為的兩種極端。

後來克莉絲汀訪台時，我曾陪她參觀玉管處的幾座生態廁所，遊憩服務課吳和融課長告訴我們一個有關廁所的感人故事。原來幾年前，有個退休老師徐大鈞到過阿帕拉契山徑，他也是玉山國家公園的保育志工，他發現麻州那邊的生態廁所，設計相當簡單，而且依靠志工進行常態維護，做得非常環保。他將那邊的經驗帶回來研究，二〇〇六年底，玉山國家公園便邀集一群熱心的保育志工們將中央金礦山屋的簡易廁所做了一些改變，他們在廁所底下放了一個方形大桶收集糞便，廁所上方由志工事先放置一桶腐植土，以利登山客上完廁所後順手挖二、三鏟腐植土將糞便覆蓋。

之後，便由上山服勤的志工進行大桶糞便收集桶的人工攪拌、分桶放置發酵分解及翻堆處理。這其中主要由一對齊姓夫婦志工，由於熱誠產生興趣，並結合多位志工們進行實驗監測及紀錄，將該生態公廁的運作過程，不斷觀察、進行改良，經過一年多來持續的檢查跟處理，並將已發酵分解的有機質腐植土送請化驗，目前已達標準值，他們發現糞便不但徹底分解成有機土，而且裡面還有很多種小蟲生存。

在這些志工的研究與觀察下，他們發現以前興設的乾式生態公廁分解速度之所以較慢，是因為採用進口的碎木屑當作與糞便翻攪的材料，這些販賣的碎木屑有些已經過防腐處理，不含當地生存的微生物分解菌，因此沒有辦法幫助分解、發酵，所以處理效果不好。生態堆肥式廁所要成功，需採用當地的腐植土來輔助，當然，最重要的是志工們的勤於維護。

暫時回到文明世界

傑森曾經提到若我有空一定去參加北方的步道工作隊，那裡因為雪季較長，施作工法跟南方不同，有很多山徑經過沼澤地帶，因此常用木板棧道的工法；在賓州，有很多亂石的寬闊地帶，還巧妙運用「路緣石」的做法，也就是將步徑上的碎石移到兩側，加以排列整齊形成路徑，簡簡單單就達到指路的作用。我知道，這些工法永遠也學不完，而且工法本身還會像自由軟體一樣不斷更新。阿帕拉契山徑協會每年都會召開工法討論會，提出問題及解決的新創意，聽說最近他們正在研究討論開闢新路的新方法，因為過去從上邊坡挖掘的工法會造成較多土方，新的挖法則是考慮先挖步道本體，再切上下邊坡，但這個構想還在討論修正中。

也許阿帕拉契山徑協會這個公私部門合作的開放系統，就像 Linux 作業軟體，程式碼完全公開，讓民間各種創意能匯集進來，集合眾人智慧的結晶，不斷修改、簡化，以便更符合使用者需要，而且便宜；台灣的步道工程制度則像是微軟（Microsoft）作業軟體，它是一整套的包裝，包括建築師設計、營造廠標案、外包小工班實作，建立在專業證照、統一的設計規範、驗收標準，每個地方都複製一樣的產品跟作業流程，不可按照在地需要隨意修改更動，也不可以只買其中一部分，而且與其他軟體程式又不相容，到最後，整套作業軟體會愈來愈龐大，跑得愈來愈慢，硬體得不斷升級，重點是還會愈來愈貴。

「嘿！銘，我喊了你幾次都沒聽到，下山了，今天到這裡為止，明天再來半天就可以完成了，走吧！聽到沒？」泰德在半完成的橋邊叫我。我想我可能又被蚊蟲叮昏了，或是熱暈了，剛剛滿腦子都在想著我家開機速度愈來愈慢的微軟，被泰德一打斷，才想起自己已經好久沒有坐在電腦前面上網了，我想我可能開始想念文明世界了！

走回營地，我又急著到冰桶裡撈啤酒消暑，畫面有點像海尼根廣告那樣，但冰桶裡只見碎冰。比爾笑著說：「沒想到這個東方女生這麼會喝酒，我們可能還要再打電話請路上的會員買上來補充了！」我一時面紅耳赤，不知如何是好。泰德接話說：「這還不算什麼！你們知道我對她印象最深刻的是什麼嗎？她居然在田納西的爾文鎮（Erwin）一家麥當勞停車場，大中午公然喝啤酒！我當時心裡一驚，心裡盤算著萬一警察開單，我要怎麼講才好。」第一週結束時，途經停車場，大家下車買午餐，我從冰桶拿出啤酒在野餐桌上喝，泰德當時也沒說什麼，之後每週逢人就用這「事蹟」介紹我，眾人總是紛紛驚呼不可思議。我後來才知道，美國規定不可以公開在戶外飲酒，特別是爾文這個以保守風氣著稱的小鎮，這裡四處飄著南方軍的藍旗，至今似乎仍在三K黨的活動範圍內。

正當此時，一輛小卡車開來，會員果然帶來更多啤酒，而且是墨西哥進口的可樂娜，除了台灣啤酒之外，我的最愛。他還從車上拿出一堆道具，大聲問：「誰要來幫我作手搖冰淇淋？」哇塞！這種天氣帶冰淇淋來就上道了。我把啤酒瓶放在地上，把手在屁股上擦一擦，問道：「怎麼幫？」他正打開一個圓形中間有一根鐵棒的桶子，往裡面倒入牛奶跟新鮮桃子，然後蓋上內蓋，要我在內外桶之間加入冰塊跟粗鹽，然後搖動外桶上的手搖桿，我一邊搖動，一邊狐疑地問：「這樣就有冰淇淋吃了？」他點點頭，去拿了一瓶啤酒。

搖到手痠，又換其他義工，當冰塊融掉，又不斷加入冰塊跟粗鹽。換手一輪，又回到我手上，此時原本很輕鬆就可以搖動的桿子，現在變得十分沉重，他們說快好了，叫我再加把勁。艱難地搖到外桶邊上結滿一層霜時，冰淇淋桶的主人終於叫停了，他小心翼翼地撥開冰塊，把內桶蓋子打開。「哇！」我興奮地大叫起來：「真的是冰淇淋！」「你搖最久，蓋子先給你舔一口。」主人像頒獎一樣，慎重地把沾滿冰淇淋的蓋子交給我，我舔了一大口：「我發誓，這真是有生以來吃過最好吃的冰淇淋！」其他義工要我趕緊把蓋子傳下去，我則迫不及待要拿鋼杯來裝。這真是美好的晚上，我想，冰淇淋桶的主人一定是天使派來的！

為了夢想，意識型態可暫時擺一旁

又到傍晚開始起風的時候，白天大家要死不活的樣子，逐漸轉為有說有笑，我突然明白為何熱帶地區的人們，下午都要睡上長長的午覺，等到太陽下山才開始活動，然後精神奕奕地聊天到半夜。

我突發奇想地問比爾：「明天這座新橋建好了，就不會被溪水暴漲淹沒了嗎？」比爾楞了一下，推推眼鏡，想了一下：「不一定呢！可能還是會喔！」「那匹得芒阿帕拉契山徑健行會是否想過針對上游濫墾濫伐行為採取行動？」換我打破沙鍋問到底。比爾聳聳肩說：「這不是我們工作的範圍，我們只負責維護好步道，也許阿帕拉契山徑協會可以做這件事。」他轉頭面向泰德。

這個問題在我心底萌芽是在天使峽（Angels' Gap）做石階工作那週，那時每當下午風向轉變時，空氣中總會飄來一股化學臭味，根據阿帕拉契山徑俱樂部的社區居民說，那是附近工廠煙囪排出的白煙味道，我開始覺得也許有比改道更重要的事情，比如改善當地的空氣品質，以挽救健行者與居民的肺。接著，當我們在駝背山進行改道時，歐彡彌年阿帕拉契山徑俱樂部的社區會員告訴我，這是為了遠離車路，以避開噪音，同時避免附近一家旅館使用阿帕拉契山徑當成遊客的自行車挑戰步道。但我卻覺得改道無法完全達到這個目標。

泰德想一想說：「阿帕拉契山徑協會也是有做一些跟步道相關的環境運動。比如最近有一條高速公路預計要穿過阿帕拉契山徑，負責步道管理的部門就跟西耶山社聯合起來反對；我們之前也成功阻擋過一家賽車場開在山徑附近。最近有消息傳出，二〇〇七年布希政府準備要出賣阿帕拉契山脈國家森林範圍內的土地，以增加財政收入，協會也在考慮如何阻止這項政策，不過那都不屬於步道工作隊的工作範圍，所以我知道的也不詳細。前不久，有另一項議題在內部引起比較大的爭議，就是州政府跟能源公司打算在阿帕拉契山脈稜線設置風力發電的巨大風車，協會內部贊成反對的聲音都有，反對的認為會破壞山徑景觀，我倒是覺得風力發電畢竟比較環保，在這種全球暖化的時代，應該支持新的替代能源。」

「你真的相信有全球暖化嗎？」一個義工有點咄咄逼人地問，「我認為全球暖化只是那些想要賣新能源的產業跟科學家製造出來的謊言，你去看看，有很多科學證據充分反駁這種假象。」我相當訝異地看著這位義工，正當高爾帶著他的新片《不願面對的真相》（An Inconvenient Truth）在全美巡迴放映時，我以為它已經成功改變大部分人的想法，我也以為來做步道的義工，應該是對環境保護有共識的群體。

「當然有啦！你看這裡簡直熱得不像話，問問附近居民，幾十年前應該沒有這麼熱吧！」一位匹得芒阿帕拉契山徑健行會的會員跳出來回答。「歷史上地球的溫度本來就是一段時間冷、一段時間熱的循環著，這只不過是邁向熱的週期發生而已，也不是地球最熱的時候，跟二氧化碳排放根本沒關係。我只在意石油短缺的問題，因為我們真的需要，而那是因為OPEC故意減產，提高價格的緣故。」這位義工非常堅持地說。

「我想石油問題真的很嚴重，畢竟我們都要開車嘛！不過有可能是石油高峰期（Oil Peak）已經到了，是該發展替代能源的時候了。」另一位健行會的會員加入論戰。「一九七〇年代的石油危機，就有學者危言聳聽地提過這個理論，結果什麼也沒發生，這幾年石油產量還不是在提高。」又一位阿帕拉契山徑協會的義工加入。我的頭只能跟著論戰發言的位置，左看右看，感覺空氣中有點緊張的氣氛，開始後悔自己不該亂問問題，引發這一連串可能引爆衝突的對話。

對話結束在相互拿出一大堆論述，卻似乎沒有說服對方的不了了之上。隔天早上，當我們重新回到橋邊，繼續工作時，我小心翼翼地觀察昨天陷入爭執的幾個夥伴，他們卻毫無任何芥蒂、共同合作設置扶手，就像平時一樣談笑風生。我注意到發表「全球暖化謊言論」的義工衣服上穿著「投給裴洛」（vote for Perot），這是一九九二年以獨立候選人之姿出馬競選總統的羅斯．裴洛（Ross Perot）的競選T恤，裴洛在那場大選中竟然獲得百分之十九的得票率，因而吸走老布希競選連任的共和黨員的支持，導致民主黨的柯林頓當選，而高爾就是柯林頓時代的副總統。

我從書本上讀過美國的兩黨政治，知道民主黨與共和黨的意識型態、政策主張的歧異，但這是第一次我在日常生活中體會到美國選民對政黨的認同，而且這種多元歧異的認同，可能展現在對種族、性別、階級態度的不同。比如我可以感受到，有些義工一開始對於我這張非白人的面孔有先入為主的歧視，但是通常在經過一週面對面的相處，在同一塊土地上分工合作，共同完成步道工作，一起煮晚餐、閒聊打發天黑前的時光，他們眼中所認識的我，就變成是一個活生生、有個性、有感情的夥伴，而非最初那個黑頭髮、黃皮膚、不太會講英文的陌生外國人。顯然地，在昨晚激辯後的這些人眼睛裡，他們也不會用民主黨、共和黨來區分彼此。

望著他們一起揮汗工作的畫面，我突然想像這個場景如果在台灣：在台灣的土地上，有一群人共同用雙手為腳下的步道打拚，這群義工或許來自於各種不同的背景，在社會上具有不同的身分與位置，但是在工作的共同場域裡面，他們可能先被歸類為男人、女人、福佬人、客家人、原住民、外省人，而對彼此個性質素深入的認識，則是建立在面對面溝通的情境裡最終還原為對一個「人」的真實理解。在對土地深厚的情感與共同努力的基礎上，各種不同意識型態的溝通與理解成為可能，彼此可以站在對方的生命經驗相互理解、可以理性討論不同的想法，共同生活在同一塊土地上。我想，這大概就是哈伯瑪斯（Jurgen Habermas，當代西方馬克思主義的主要代表人物、理論社會學家、哲學家）所描繪的公民社會的實踐圖像吧！

浮生千山路

我從基地營的木屋裡，走到草坪上參加最後一次的慶功儀式，打包好的行李已經放在木屋角落，就剩下睡袋和幾件洗完還沒全乾的衣服，打算明天出發前再塞進大背包。我已經換上乾淨的衣服，吃完營主任大衛特製的手工披薩，晚餐雖然還是有番茄醬，我卻覺得特別美味。老早想找機會聽重金屬搖滾的我，竟也有點懷念起廚房裡整天播放的鄉村音樂，但今天大衛要我別再搶著洗碗，好好享受在營地的最後一晚。

大衛說著我已經聽第六次的開場白，泰德對我眨眨眼睛。頒發T恤的感謝時間，全部的人都領完了，泰德朝向我，開始說著最後一次的感謝詞：「我們這隊有一個很特別的夥伴，已經在這裡連續工作了六週，在這星期悶熱的天氣下，她還是全力以赴地完成工作。」說到這裡，全體義工都站起來鼓掌、歡呼，我有點意外大家的反應，不知該如何是好。等掌聲稍歇，泰德繼續說：「我還記得這位夥伴的報名資料，她的兩個朋友回答我們篩選義工的問題，讓我印象深刻。不用說，她的兩位朋友都同意她合適來當我們的義工，其中一個叫做彼得（Peter）的友人還寫到，這位夥伴曾經在比腕力的時候贏過他。當問卷上問道：『您覺得他是不是有能力處理各種艱難的狀況』，彼得居然告訴我們，這位夥伴曾跟他一起在颱風中幾次穿越激流，我想這個女生是不是被她朋友誇大了。」大家哈哈大笑，泰德轉過來看著我：「但這星期這位夥伴在我病倒時，還嘗試幫助我完成工作，雖然我們語言不通，但是彼此總能找到交會點，不需要語言也能相互了解。她是我當領隊五年的生涯中，名列我最喜歡的義工前五名，她就是銘！」

我站起身走向前時，腿有點發軟，眼睛裡滾著淚水，他們沒有再頒發給我任何東西，只是輪流擁抱我。克莉絲汀當著大家的面說：「銘，希望你再回來跟我們一起工作，請你考慮申請康拉洛克的副領隊職位。」我沒有辦法說話，因為喉頭熱熱的。整個工作季結束後，我看到康拉洛克的網站上公布，自己的名字在二〇〇六年義工貢獻時間排名的第二名。

儀式結束後，克莉絲汀宣布要帶義工們去基地營後面的原始洞穴探險，雖然我已經去了兩次，但我還是戴上安全帽、頭燈、打上綁腿，想再去看一眼這個鐘乳石洞。夏天進到洞穴裡宛如進到冰庫，令我想起在法國用來藏酒的天然洞窟。這個洞穴的神奇之處在於，每次進來都覺得水位高低、鐘乳石的形狀跟之前不一樣。每次都像是第一次。

我輕撫鐘乳石的皺摺，傾聽蝙蝠飛翔的聲音，向每一塊石頭告別。當進入洞穴最深處，一個被暱稱為「大教堂」的空間裡，克莉絲汀要大家熄掉頭燈，在黑暗中把手伸到眼前，證明此處真的「伸手不見五指」。我最後一次關掉頭燈，在漆黑中靜默的片刻，腦子裡飛快地轉動起過去六週的畫面，我知道當我離開這個洞穴時，絕對不能回頭看，否則就會如聖經中的「羅德之妻」，瞬間變成鹽柱，永遠跟這些鐘乳石一樣駐留在過去的時空。

12 北與南

今早他發現了一欉晚熟的越橘，向陽面一片灰藍，背陽面依舊青翠。他摘果子當早餐時，望見一群南遷的鴿子掠過上空，一時遮住了陽光；不禁心想，起碼這世上還有些東西是不變的——果子成熟、鳥兒飛翔。

四年來，他只見到改變，而事實上，這可能正是內戰初期他之所以對戰爭狂熱的原因之一。新的面孔、新的地點、新的生活，在在給人強烈的吸引。還有新的法律——你可以恣意殺人也不會坐牢，反倒受勛！人們談起戰爭，就彷彿它能維護既有的一切，也是信仰的寄託。

也許就是因為厭倦了周而復始的日常生活，才使得人們拿起武器。日出日落，四季循環；戰爭則讓人們脫離了這規律的生活，自創四季，不再依賴自然。但是人們遲早會感到厭倦，厭倦目睹人們為了任何理由，拿起手邊的任何工具，彼此相殘。於是這天早上，他看著越橋和飛鳥，心中感到鼓舞，高興牠們肯等待他恢復理性，儘管他擔心自己已背離了這和諧的大自然。

——查爾斯．佛瑞哲《冷山》

眼前走過一個美國南方軍（The Confederate Troops）士兵，他的頭上斜戴著一頂淺灰色的軟呢帽，帽簷壓低蓋住一邊的眉毛，上半身穿著法蘭絨灰色制服，淺藍的褲子上沾著泥灰；肩荷一枝長長的火槍，上面還附有一根通火藥的鐵條，背上斜揹著一箱火藥，以及捲起來的深色鋪蓋，下面壓著一個白色的軟布背包。他頂著烈陽、略顯疲倦，從我眼前經過時，斜睨了我一眼，就像電影《冷山》（Cold Mountain）裡裘德洛（Jude Law）淺藍色的憂鬱眼神。他看到我驚訝地盯著他瞧，嘴角略微揚起，然後就不再看我，逕自向小鎮走去，消失在轉角。

等我回過神來，小鎮上城通往下城的階梯鑽出一個蓬亂卷髮的健行者，他揹著登山大背包，兩手撐著登山杖，短袖短褲上充滿髒污，腳上的登山鞋也沾滿乾掉的泥塊，看不出原來的顏色。他一臉茫然地在一棟斑駁的粉漆兩層木造房前左右張望，看得出來他跟我一樣，循著阿帕拉契的白漆走到階梯盡頭，雙白漆指示此處應該轉彎，但是從這棟建築出來，就是我現在坐著的草地，草地上散置著幾座古董兩輪火砲車，幾位揹著相機、穿著現代休閒服的遊客，正在火砲車前閒晃。

至此白漆就不見了。他此刻不在山徑上，而是站在哈珀斯費理（Harpers Ferry）小鎮上的十字路口，臉上的表情就像是在山徑上迷路的健行客，心裡大概想著：「該死，剛剛錯過了哪個白漆嗎？」我不知道，他剛才是否與那位南方士兵擦身而過，否則大概會更加錯亂，以為自己掉入超時空三度空間裡。

健行者的朝聖地

指引我進入這個後現代歷史場景的，是在工作第一週結識的義工小約翰（Little John）。他告訴我可以從阿帕拉契山徑協會辦公室後面的小路接上阿帕拉契山徑，一路順著白漆走，就可以來到連接上城與下城的階梯。這條私房路線，讓我省去國家歷史公園六塊錢美金的門票。

阿帕拉契山徑穿過這座歷史小鎮，越過橫跨在波托馬克河（Potomac River）上的火車鐵橋，火車正從隧道裡鳴笛駛出，緩緩地準備靠站。在這座保存十九世紀建築的活古蹟小鎮裡，彷彿只有行駛中的火車汽笛聲來自現代。這是美國第一條完成的鐵路，在一八三〇年代中期後，小鎮因位於巴爾的摩－俄亥俄線、溫徹斯特－波托馬克線的交接處（Baltimore & Ohio Railroad, the Winchester & Potomac Railroad），又與後來興起、沿波托馬克河修築，在華盛頓出海的C&O運河（Chesapeake & Ohio Canal）交會，成就了此地工業盛極一時的風光，以及海陸貿易、交通要道的樞紐地位；在歷史上更標誌著南北戰爭（Civil War）的起源，是美國歷史的重要扉頁。

這裡正是阿帕拉契山徑的中間點，負責維護、管理山徑全線的阿帕拉契山徑協會，就設立在這座歷史小鎮上。對健行者而言，哈珀斯費理的意義就像穆斯林心目中的麥加聖地，一生必到此朝聖一次。

車窗外快速退後的景色是屬於南方的，我將要依約前往阿帕拉契山徑協會總部辦公室，去找在總部當行政義工兩個星期的小約翰；他在遊客中心接聽電話、販賣山徑紀念品，以及提供資訊給所有走到山徑中間的健行者。矮矮胖胖的他自一九九二年起，每個暑假都參加康拉洛克的步道工作隊，同時也是全程行者。上次我們告別時，他正準備開車參與南卡羅萊納州步道俱樂部，擔任為期兩天的除草義工，接著他要帶家人去巴哈馬群島度假，在七月中旬前趕回來總部。真是令人羨慕的暑假，在步道工作隊裡認識的大部分美國人，都像小約翰一樣，生活中排滿了休閒度假計畫，參與義工理所當然也是其中的一部分。

從華盛頓轉往位於哈珀斯費理的阿帕拉契山徑協會總部，因為不是沿著山徑走，而是開車從高速公路接地區道路，在山裡曲折繞了一會兒，終於從公路轉入一個安靜的小鎮，在一條兩旁都是別墅的上坡路上，找到白色外牆、兩層樓房的總部；房子本身訴說著歷史，路牌顯示，這裡全被劃定為歷史街區。我在門旁的標誌前，遇到好幾個揹著大背包、綁頭巾、許久沒刮鬍子的健行者。他們攔住我幫忙輪番拍照，從他們身上發出的味道判斷，猜想他們應該是全程行者。

拉開小小的紗門，我剛好與正在櫃台接電話的小約翰四目交接，他瞪大了眼睛，露出驚喜的表情，示意我等一下。我環顧這小小的空間，充滿了所有跟阿帕拉契山徑有關的書籍、照片、刊物、T恤、背包、資料等。小約翰掛了電話，迎上來給了一個大大的擁抱，我指指他胸前別的名牌「彼得潘」（Peter Pan），開玩笑地喊他在這裡的「花名」，他從濃密的鬍子裡露出白牙，不好意思地大笑：「我在每個地方都有不一樣的名字，以確保他們不知道我其他的面貌。」我故作神祕地靠近他說：「好，我保證不會告訴其他人」。

小約翰領著我細細參觀，牆上有一面已經斑駁到幾乎難以辨識的刻字木牌，「那是卡塔丁山第一面終點標高牌。」我好像看著一個遙不可及的夢想般，退後幾步望著這面被多少人視之為聖山的象徵，旁邊有個健行者跪抱這面木牌喜極而泣的照片。

「這裡是阿帕拉契山徑全程的立體地圖，你可以摸摸看。」小約翰指著下方靠牆一整面起伏有致的山徑模型。「對了，找給你看我兩次走完全程拍的照片！」他從塞滿厚厚資料夾的櫃子上取出標明「全程行者」一九九二、一九九七兩年的冊子，在桌面上小心攤開，「你看，這就是我！」

「哇！兩次耶，好厲害！果然你那時候比較瘦。」實話忍不住衝口而出，我跟在大學當輔導老師的小約翰總是沒大沒小。「對啊！不過到現在為止，已經有九千人完成全程了，所以也不那麼難啊！」翻著全程行者的資料，我感到相當好奇：「協會怎麼知道這些人走完全程了？」小約翰指著一張附照片的表格解釋給我聽：「首先，準備要走全程的人要先寫信給協會報備，說明姓名、山徑暱稱、預計出發日期等；然後，中間經過總部時，就要像我這張照片一樣，在辦公室外面的白牆前，用拍立得留下一張照片。等到走完全程，再附上沿途的一些照片，像這張表格這樣注明清楚，寄回給協會，就可以列入記錄了。」

牆上貼著一張歷年完成全程的統計表格，是自一九三七年全線連通開始統計的。從一九六八年國家步道系統法通過後，每年完成的人數一路成長，一九八〇年代突破一百人，到二〇〇〇年超過六百人。另一張表格細分完成全程的類型；每年都有一千五百到三千人向阿帕拉契山徑協會通報朝北出發，通常在三十英哩後的尼爾斯峽（Neels Gap）就有兩成的人會放棄，抵達總部門前的剩下二分之一到三分之一，最後到達卡塔丁山的大約只剩下兩成左右。我注意到除了大多數由南朝北的全程行者外，每年有四、五十人是由北往南，也有二、三十人是沒有按照順序走的全程行者（Flip-Flop），另外分段行者每年也約有八、九十人通報完成。

全程行者與分段行者的區分，令我想到台灣的中央山脈縱走運動。一九七一年台灣省山岳協會以「慶祝建國一甲子紀念」為名義，在戒嚴時代首創南北大縱走盛事，岳界由林文安策劃攀登中央山脈主脊三千公尺以上的高峰六十座，六十人分成藍白兩隊，分別從卑南主山與審馬陣山南北出發，自九月三十日出發到十月二十九日在七彩湖完成會師。這項縱走運動開啟了日後的「百岳運動」，同樣由林文安發起，與「校長」蔡景璋、「孤鷹」刑天正、「老山羊」丁同三等「四大天王」，共同從兩百多座超過三千公尺以上的高山中，擇定一百座名之為「台灣百岳」以取代最早的「台灣五嶽」。並在隔年十二月五日於羊頭山頂，正式宣佈成立「百岳俱樂部」。走完直線距離約三百公里的大縱走，就像是全程行者，而登完百岳的似乎有點像分段行者。後來沿用大縱走補給區分的南北各三段，把中央山脈分成六段，因此岳界也有些隊伍選擇一次走一段，這又更接近所謂的分段行者了。只是由不同的山岳或健行協會認定，因此沒有人知道到底有多少人分段完成。

台灣倒是出現幾個特殊的全程行者紀錄，最早是在一九七八年十月，台北市登山會石煌榮等人，由南往北完成中央山脈的首次全程縱走；一九九三年陳秋霞、陳美馨、游寶環三人耗時三十天完成縱走，成為史上第一支女性隊伍。史上最浪漫的大縱走婚禮，是在二〇〇二年十月，連志展、陳貞秀兩人完成五十天縱走後，於南湖圈谷舉辦的世紀高山婚禮。至於速度最快的，則是在二〇〇三年底由台北縣山友郭與鎮、陳美馨創下的，他們由北往南只花了二十三天。二〇〇四年春天高雄山友黃魏慶，創下獨自在無補給的情況下，用撿拾他人剩餘糧食的「黃鼠狼」走法，以四十六天完成全程，這點倒是跟華倫很像；緊接著同年夏天，首次由企業（La New）贊助的二十五天中央山脈南北大會師，則創下耗資最多、規模最大、動員人數最多的紀錄；此後在二〇〇六年底，由五位勇士完成的「超長版」中央山脈大縱走，從宜蘭縣三星山至屏東縣姑仔崙山，上上下下超過六百公里，以七十九天的時間對台灣三千公尺以上的高山進行了第一手的調查紀錄。

每一種都是美麗的選擇

不過，「阿帕拉契山徑交通這麼不方便，怎麼樣可以不按順序走完，或是分段完成呢？」好奇寶寶又開始了。「據我所知，有很多種方式。除了約定好請朋友家人接送之外，有些健行團體會提供付費的預約接送服務（Shuttle Bus）；我聽過有人是自己開車先載腳踏車丟到終點，再回起點停車，走到終點後騎腳踏車回來開車；如果你有三五好友一起進行分段的話，可以開兩台車，分兩組從起迄點兩端開始走，在中間會合時，交換車鑰匙，然後再開對方的車回去。還有一種山友互助精神發展出來的方式，就是在健行者網站上尋找適合的人，約定地方會合，你去爬山時，他幫你把車開走，保管期間他可以使用你的車，然後再開去終點接你。把鑰匙交給陌生人，通常有點風險，但到目前為止，山友口耳相傳的人選都很可靠。我聽過最長的分段行者花了四十六年才完成的，如果這個暑假時間不夠，可以多來幾次，試著走完全程，將會是很特別的人生經驗喔！」

「我不知道還有沒有機會再來，如果真的回來，可能也只能挑幾段走走吧！我即將要往北方去，你有沒有什麼好的建議？全程你最喜歡哪一個部分？或者，你都向打電話進來諮詢的健行者推薦哪一段？」我問道。

小約翰走到立體模型前，指著田納西的大馬士革（Damascus）到靠近康拉洛克基地營附近的夥伴山屋（Partnership Shelter），「這段大約六十五英哩的山徑是公認整條山徑風景最美的段落，大約花上一週，絕對值得。」我打開背包裡做了螢光記號的全程指南，意外地發現，這一段絕大部分我都已經走過了！

每當工作中間的休假，義工夥伴們就會邀約一同開車去附近健行。比如大約翰（Big John）就帶我去過夥伴山屋，那裡是山徑全線唯一一處可以用公共電話叫披薩外送的點；史帝芬夫妻（Mr. & Mrs. Stephen）找我一起參與的山徑植物監測義工計畫，兩天內走過白頂山（Whitetop Mountain）一帶山區，那裡有史帝芬最喜歡的石南花溪流與出自義工之手、美得像藝術品的精緻小木橋，以及一整片倖存的原生種美洲栗樹山谷；旅居美國的格正（Kent）放假帶我們去的格雷森高地大草原（Grayson Highlands），整片山頭像擎天崗，又像八通關草原，開滿了各色野花，上面散步的不是牛群，而是自由放養的小野馬。而大馬士革那段是華倫進行戶外課程的一部分地區，我們正好趕上了鎮上每年一度的「山徑日」（Trails Day）節慶期間，整個小鎮聚集了來自各地的健行者。小書店以阿帕拉契為主題推出特價書展；披薩、義大利麵、冰淇淋店都推出健行者大份量低價套餐；美以美教堂（The Methodist Church）草坪上搭起的棚架下，各種山友社群進行著演講、分享、歌唱等活動，熱鬧非凡。

打斷沈浸在山徑回憶中的我，小約翰繼續說：「至於北方，新英格蘭山徑的風景像極了歐洲，尤其是秋天在佛蒙特州那段，那是北方之最。我在這裡值班結束後，就要開車北上去那裡健行兩週。」我眼睛一亮，突然想改變行程，當他的跟屁蟲，不過，實在離原訂行程太遠，「我會到紐約附近的山徑，這次也許沒辦法到那麼北端，下次，我要安排一段空檔，好好把新英格蘭山徑的總統山脈走一趟。」我翻著寫滿義工與山友提供訊息的筆記，心裡已經開始計畫下次的行程。

想不到，我雖然沒有完整的健行計畫，但和義工夥伴們一起隨性玩耍，最後也幾乎沒有錯過精彩的路段。我翻開背包裡的阿帕拉契山徑全程指南（Data Book）與地圖，上面用螢光筆標示著過去兩個月我停留過的地方，旁邊也仔細寫上了日期。這些在地圖上呈點狀分散的標記，相對於整條長形阿帕拉契山徑地圖根本算不上什麼，即使我把反覆走過的距離累加起來，也只是一條短短的線，不到全長的十分之一。這種在地圖上跳點移動的方式，既非全程行者，也不是選擇分段走完者的路徑，但我在每個點都深入挖掘與觀察；我抓抓手臂上點點散布被叮咬發癢的腫包，給自己起了一個新的名稱，就叫「點狀行者」（Point Hiker）吧！

我忍不住向小約翰解釋我新發明的名稱，並問道：「你當過全程行者，也當過步道義工，你最喜歡用哪一種方式體驗阿帕拉契？」

小約翰笑了笑說：「兩種是很不同的經驗，我都很喜歡，但是如果一定要選一個的話嘛……你知道，來參加步道工作隊，或是參加當地俱樂部的義工，會遇到很多不同的人，認識很多好朋友，一起工作會有一種很深刻的互動感，而且對阿帕拉契山徑有所回饋，覺得很滿足。當然，全程行者的過程中，在山徑上也會遇到很多山友，建立起一些短暫的友誼，型態是很不同的，體驗比較屬於個人的。我自己比較喜歡當全程行者，那種孤獨面對自己，一步一步以意志力克服沿途艱辛與體力上的挑戰，山徑的美麗會更加深刻。」

看著小約翰閃閃發亮的眼神，我不知道現在他腦子裡出現的是哪個發光的山徑段落，或是像影片快轉放映的全程畫面。從某種角度來說，連續十四年都來康拉洛克當兩週以上步道義工的他，也是一種耐力的實踐。最近康拉洛克工作隊才頒發「義工貢獻獎」給一位從一九八四到二〇〇八年，連續二十五年貢獻時數超過七千小時的西姆斯老先生（Dean Sims）。像他一樣的義工還有很多，光是二〇〇七年就有六千零二十八人在山徑投入超過十九萬六千小時從事各種步道工作，這些點狀行者在步道上來回走過的里程數，也許早已足夠繞行全程好幾遍。

「看這個！」小約翰指著另一面牆上掛著黃金做的普雷斯基，我趨前細看，原來是林務署（Forest service）在一九九〇年頒給康拉洛克工作隊「最佳技術獎」的獎牌。我環顧四面，沒看到其他阿帕拉契山徑協會直屬的五個步道工作隊的獎牌：「只有康拉洛克有得獎喔？」小約翰很平常地回答：「康拉洛克是阿帕拉契山徑協會的旗艦工作隊，技術全美最精湛，早期專門提供各地俱樂部技術訓練，以及協助處理步道技術難度高的部分，後來才召募比較多義工，也從事日常維護。現在，仍然扮演技術的先驅角色。」聽他解釋，我也跟著有點驕傲起來。

跨越洋基佬的地界

小小的阿帕拉契山徑協會廁所牆上也貼滿了各種有意思的告示。洗手台旁一張告示吸引了我的注意，上面寫著：「再往北四十英哩，『阿帕拉契』山徑就會變成『ㄟ呸勒熏』（Appalayshun）山徑。如果你仍然愛它如前，記得感謝維護步道的義工。」我讀了半天不太明白，走出去問小約翰。原來，再往北走四十英哩後，就會進入賓夕凡尼亞州（Pennsylvania），在美國的傳統上，那裡就算是北方州了。拼字同樣是「Appalachian」，北方跟南方在「a」的發音，因為地方口音差異而有所不同。同一條阿帕拉契山徑，反映著美國南北文化的差異，不僅只是口音而已，還伴隨著各自不同的產業型態與歷史記憶。

班頓．麥凱當初在倡議串連阿帕拉契山徑時，就曾強調要跨越「新英格蘭的北方森林和南方的棉花田，要把北與南的莊稼與人民」連結在一起，這也意味著阿帕拉契山徑的夢想厚度，不只是單純的體驗荒野自然而已。實際上，以山徑距離來說，真正的中間點是位於賓州的派尼山（Piney Mountain），全程指南上的名稱是松林熔爐州立公園（Pine Grove Furnace State Park），那裡有一面指標牌，往南往北的數字都是一〇八〇．二英哩。但阿帕拉契山徑協會總部選擇設在距真正中間點七十八英哩處，取的意涵就是南北間的平衡與和諧。

當年美國開國總統華盛頓選擇馬里蘭州（Maryland）與維吉尼亞交界處，南北兩邊各劃設一個區塊出來，成立聯邦首都特區，以解決南北爭取設立首都的爭議。華盛頓特區與阿帕拉契山徑協會總部都位於波托馬克河岸，兩者選址的意義是一樣的，並不是因為這條河位於地理上的中間，而是傳統意義上的南北州分野。

哈珀斯費理在歷史的舞台上也是南北的中心。早在一八六一年南北戰爭正式爆發前十六個月，這裡就發生了廢除黑奴制度的第一場革命，革命雖然迅速失敗，卻開啟了南北戰爭的前奏。一八五九年十月，廢奴主義者約翰．布朗上尉（Capitan John Brown）率領手下軍隊與自由黑人，攻占此地的聯邦政府軍火庫，解放鎮上的黑奴，並準備以此為基地號召革命。當時的美國總統詹姆斯．布坎南（James Buchanan）派了後來領導南方軍的羅伯特・李（Robert E. Lee）平息動亂，布朗很快就被擊敗，並處以絞刑。

這場迅速被弭平的事件，後續在南北都引發了極大的效應。

南北戰爭與梭羅的哀弔

在亞伯拉罕・林肯（Abraham Lincoln）當選總統後，蓄養黑奴、種植棉花為主的南方農業州，以南卡羅萊納州為首宣布脫離聯邦，自組「美利堅聯盟國」（Confederate States of America），推舉傑佛遜・戴維斯（Jefferson Davis）為總統，與以工業勞工為主的北方相抗衡，隨即展開五年的內戰。這場戰爭最後造成六十幾萬人死亡的悲劇，就像《冷山》中兩軍廝殺彷無止盡的傷亡，而那名歷經千辛萬苦想走回妻子身邊的南方士兵，就是要回到位於北卡阿帕拉契山脈裡的家。

在北方則有曾經嘗試攀登卡塔丁山的自然主義大師——梭羅（Henry David Thoreau）極力聲援約翰・布朗。梭羅曾在一八五四年於一場廢除蓄奴的集會上，發

表一篇名為「麻州的奴隸制度」（Slavery in Massachusetts）的演講，在那次集會上結識了布朗，梭羅對於他先前參與堪薩斯州（Kansas）蓄奴與自由兩派公投的對決深感興趣；後來布朗被宣判絞刑時，梭羅在他寫《湖濱散記》（*Walden, or Life in the Woods*）的康科德鎮（Concord）上發表演說「為布朗上尉請命」（A Plea for Capitan John Brown），並與好友愛默生（Ralph Waldo Emerson）等文學家積極為釋放布朗奔走；布朗死後，梭羅還憤怒地跑到鎮上敲鐘，召集民眾為之哀悼。

日後當我站在梭羅的湖濱小屋遺跡前懷想時，才把這一切關聯串起來。梭羅一八四九年發表的「論公民不服從」（On the duty of Civil Disobedience）也與反對蓄奴的人道主義實踐有關。他跟布朗都曾積極參與「地下鐵路」（Underground Railroad）運動，幫助黑奴從南方透過地下網絡祕密逃往自由州，甚至曾促使辛孟士與彭斯（Simms and Anthony Burns）成功逃往加拿大，但是卻因當時「奴隸逃亡法案」（Fugitive Slave Act）的實施，而遭到遣返的命運，梭羅因而拒絕納稅、甘願入獄，以落實他的人道關懷。

南北戰爭以前的波托馬克河，對黑奴而言正是自由與死亡的分隔線。在哈珀斯費理一間昔日黑奴交易所改建的博物館裡，展示了許多當時追緝逃奴的海報，奴隸主人重金懸賞逮回逃跑黑奴，再加以凌虐處死，只為以儆效尤。後來我在華盛頓特區南邊的亞歷山卓小鎮（Alexandria），再度看到類似的黑奴交易與逃亡的歷史遺跡，那裡通往華盛頓特區的鐵路，也是黑奴逃亡的「地下鐵路」重要網絡據點之一。

更多的時候，逃亡之路可能是山徑、林間小路，以及其他既有的交通運輸路線，甚至海線等祕密路線。這些逃亡的管道以「鐵路」（Railroad）為代號，廢奴主義的白人、基督教貴格會（Quakers）系統與自由黑人等各自組成祕密的小團體，在樹上、圍牆、鐵絲網上以各種東西標記暗號，並將貴格會教堂等收容躲藏黑奴的處所稱為「車站」（Station），領路逃亡的人稱為「乘務員」（Conductors）。黑奴白天在車站睡覺、吃東西，待夜暮降臨時趁著黑暗逃跑，從一個車站逃到另一個車站，一個晚上移動十到二十英哩。「地下鐵路」背後也有很多廢奴主義者的資金支持，透過「地下鐵路」，共幫助了至少三萬名黑奴成功逃向北方。

南北戰爭期間，哈珀斯費理因為位於南北界線上，曾經先後被北、南軍輪番攻占易主八次之多。以哈珀斯費理為中心，方圓三十英哩內分布了南北戰爭慘烈戰役的古戰場，包括著名的蓋茲堡（Gettysburg）主戰場、北軍第一次攻擊的馬那沙斯（Manasas）之役、阻止李將軍北進的安提耶坦（Antietam）之役等，戰場都圍繞此處附近。因而從哈珀斯費理到華盛頓之間，分布著好幾條紀念南北戰爭的國家歷史步道（Civil War Trail）。

南北戰爭期間乃至結束以後，這個小鎮也是黑人民權運動（Civil Right）的先驅重鎮。在當年布朗的軍事要塞，以及北軍在此的駐紮地上，新英格蘭自由教派建立起一間史托爾學院（Storer College），讓戰爭期間被收容的逃亡黑奴受教育。該校不只是第一個讓黑人上的學院，同時也強調開放給任何有意就讀的人，不論種族背景，也包括女性在內，這座學院因此成為美國第一所種族平等的教育場所。但在戰後，「金克羅種族隔離法案」（Jim Crow Laws）通過，打破了林肯「自由平等」的夢想，這間學校被迫成為黑人學校，但也因此成為黑人民權運動的集會所，繼續爭取黑人平等權利，直到種族隔離結束為止。學院的原址，就在今天的阿帕拉契山徑協會總部一帶。

我在哈珀斯費理歷史公園的博物館裡，得知這座小鎮的歷史背景，走出博物館，再度與街上穿著像《冷山》電影裡妮可基嫚的女士擦身而過，大熱天的，女士們仍然穿著長袖、鑲蕾絲邊的蓬蓬連身裙。在這座歷史公園裡，每天都有身穿古裝的工讀生重演當年的生活。可惜，今天沒有遇上重演約翰·布朗攻陷軍火庫的歷史劇。

再往北走，就會接上昔日的 C&O 運河，阿帕拉契山徑在此有一小段與運河旁的寬碎石路重疊，沿著 C&O 運河跟波托馬克河續行，可以通到華盛頓特區。這段運河本身也是一條線型國家歷史公園，那又是另一個精采的故事了。

站在波托馬克河上的鐵橋，我努力回想，卻想不起華倫在全程行者學校課堂上，是否曾有關於這個超現實小鎮的描述。我再度翻開全程指南，找到課堂上寫在哈珀斯費理旁邊的筆記，上面寫著幾行字：「有小店可買好吃的冰淇淋」、「過鐵橋後段落平坦無聊，可用於趕路。」

13 山徑，社區，行不行？

我可以坦白告訴你，我現在對這種說法[10]，已開始感到有些厭煩。我知道在阿帕拉契山徑健行應該是一種走過荒野的特殊經驗，而我也同意，如果山徑並非行經荒野，必然會有許多地方遭受到像德拉瓦河谷（Dalaware Water Gap）一樣的可怕悲劇[11]。但有些時候，例如在現在，我就忍不住會感到，阿帕拉契山徑對於人類的接觸有著明顯的病態恐懼。就我個人而言，我就深深希望自己能在健行途中穿越村莊，或是經過農田，而不是走過什麼寂靜荒涼的「防護走廊」。

——比爾・布萊森《別跟山過不去》

10 即在《紐約與紐澤西州阿帕拉契山徑指南》中提及，因為廢止興建塔克斯水壩計畫，同時藉此遷離居民、村莊所取得的土地，「正好為山徑提供了一道防護走廊」的說法。

11 德拉瓦峽谷是位於紐約南方，一個由冰河切割形成的V字形峽谷，由於此地河流時常氾濫成災，美國工程師軍團（U.S. Army Corps of Engineers）原本預計利用此地不穩定的冰河槽地形修築塔克斯水壩，並強迫遷離八千名居民，以及將村莊與農田夷為平地，最後雖然因反對聲浪停止此項荒謬的計畫，但是原本寧靜、偏僻，在過去兩百年未曾改變的美麗農谷卻就此完全消失。

漫步在林木參天的阿帕拉契山徑，有兩件事偶爾會提醒健行者，此地原來曾有人類居住過，並非如現在看來的原始荒野。

一是山澗水源處通常會豎立著「禁止飲用」的告示牌，說明溪流水源中遭到過度放牧的牲畜排泄污染，有時還有工礦業污染的遺留，甚至連煮沸都不足以去除化學污染。因此美國戶外用品店，正推出精心研發的奈米光觸媒淨水產品，以取代笨重的濾水器或有味道的化學藥水。

二是在山徑旁林間草長處露出的矮石牆堆，有時還有墳墓群，如果細細觀察，每隔一段距離，石堆就會出現，基地或大或小，北方山徑的石砌牆遺跡更為明顯，有些還有屋子形狀的殘留。一旦發現時，會有類似在台灣古道邊上看見舊砌石般的興奮，叫人好奇地想趨前辨識，石牆兀自訴說的年代與故事。

曾在這裡居住的人是誰？這些人又到哪裡去了？

來自歐洲的殖民者將原住在此的北美印第安部族強制遷離後，在阿帕拉契山脈上展開大規模的伐木、農牧開墾。記得擊石那週在駝背山一帶，發現的低矮石牆前面還有解說牌，說明石牆建築群原來的樣貌，以及所屬主人的生活方式。原來圍成長方形的矮石牆，只是當年房子跟煙囪的基座，上面原有木頭搭建的牆跟屋頂，如今木頭部分已經拆毀不見，僅餘及膝高度的砌石部分。另外，在矮石牆建築群附近，通常會有些超過我身高、保留完整的石牆，呈狹窄的四方形，我原本猜測是儲藏糧食之用，經過解說才知道，原來那是圈養牲畜的石籬笆，白天讓家畜、家禽出去吃草、放養，晚上趕回來關在石籬笆內，以免被當時尚未被人捕獵而絕跡的狼群或熊攻擊吃掉。

不斷改道的山徑

興建這些建築的人們，必須充分利用當地的動植物求生存。這裡原有滿山的山胡桃、美洲栗樹、橡樹等自然森林，人們用樹幹蓋房子、樹皮當屋頂，採集果實可以自己吃，或送去市場賣錢。美洲栗樹的樹皮中含有丹寧酸（Tannin acid），可以軟化打獵得來的獸皮，獸皮也可以販賣。大量開墾伐木之後，空地就可以轉為農牧場，在此耕種與放牧，種植棉花、玉米等經濟作物，然後牲畜便把這片山吃得光禿禿的。以上描述，大體勾勒出十九世紀初，阿帕拉契南部藍脊山區（Blue Ridge Mountain）居民，依靠山脈自給自足的艱苦生活圖像。

南北戰爭之後，大約一九〇〇年代，南方許多獲得自由的黑奴們也跑到山脈裡討生活。做屋頂那週在布朗山屋（Brown Mountain Creek）附近的溪邊，矮石牆建築群訴說另一群人的故事。這裡的矮石牆沿著小溪的山徑兩旁，連綿約一・四英哩，林務署在此豎立的解說牌文字內容，是委由休斯先生（Mr. Taft Hughes）以口述歷史方式記述他們的家居生活。在此定居的自由黑人們，帶來原先的生活習慣，根據當時的居民回憶，雖然他們居住的房子很小，生活艱苦而簡單，但吃得非常有營養，比如他們會用猶有餘溫的灰燼與煤灰烤餅乾，然後再以一種特殊的玉米葉製作的小掃帚，把餅乾上沾染的灰去除，用水洗淨、擦乾，再配上一杯熱牛奶，這就是最懷念的孩提時代媽媽的味道。

一九二〇年代的美國，是一個快速開發的時代，也是反思保育的時代，兩種極端的力量正在拉扯。工廠化的大量生產、大眾消費的能力提升，文明快速改變了城市的面貌，同時休閒遊憩的需求也相對增加，對自然環境造成很大的壓力；於此同時，東岸開始興起搶救剩餘野地的保育風潮，以保存未來可用的森林資源，並提供人們休閒娛樂的去處。因此，聯邦政府開始強迫山脈上的居民遷移，成為今日的國家公園、國家森林，但是在此範圍內的商業開發壓力並未停止，經過許可的伐木、採礦，以及修建林用道路等活動，仍繼續切割野生動植物的棲地。

時至今日，美國國家森林道路的總長達三十七萬八千英哩，是全美州際公路的八倍，最近林務署的目標是要達到五十八萬英哩，目的是為抵達森林深處伐木、採礦。同時，國家森林也設置了四千四百個露營地、十二萬一千英哩的步道、九十六個景觀野溪，提供美國人健行、露營、釣魚、打獵和泛舟之用。

一九六〇年代前後，美國的大公路主義更是不斷侵蝕林地。一九三七年連通的阿帕拉契山徑，不斷因為商業區的開發、道路開闢等因素，而將山徑搬移到更深的山上。諸如，一九三三年因仙娜度瓦的天際線景觀大道使用山徑原有路線，維吉尼亞境內一一八英哩山徑被迫改道；原本山徑起點在更南方的喬治亞州歐格紹普山（Mount Oglethorpe），也因為商業區的開發，於一九五八年被迫縮短了二十幾英哩，改到現在的史普林格山。許多地區的山徑因為跨越私人土地，幾乎被購物商場、房地產開發、公共道路所淹沒，只剩下在國家公園範圍內的山徑保持較佳狀態。一九六八年，緬因州再度將二六三英哩的山徑從林業道路遷移到野地。

山徑因開發壓力而不斷退後，促使失望的班頓．麥凱於一九三五年與友人另組「野地學會」（the Wilderness Society），專志推動荒野保護，然而改道的情況至今仍在發生，聽傑森與泰德說過，幾年前在維吉尼亞興建州際公路，山徑被硬生生切斷，阿帕拉契山徑協會努力與高速公路興建單位溝通，為健行者興建一座跨越的橋樑，但是成本過高，後來因為有人贊助附近一整片山頭，協會以象徵性的一美元買下後，將山徑提前改道跨越詹姆斯河（James River），以避開高速公路，但也因此多繞一英哩路；在紐約附近也曾因為要將山徑從共用道路遷移進入山裡，而遭到山上居民反對，後來經過漫長的溝通、協調，居民才逐漸接受山徑穿越後院。

通過私人土地的難題

阿帕拉契山徑成為今日的荒野狀態，絕非偶然。特別是在一九六八年美國內政部長史都華・伍達（Stewart Udall）提報國會通過「國家步道系統法」（National Trails System Act），阿帕拉契山徑成為第一條被指定的國家步道，依法具有線型國家公園的保護層級，該法並要求林務署、國家公園署與各州政府撥出步道維護基金，確保阿帕拉契山徑的自然、景觀、歷史、文化資源永續。法律賦予財源後，阿帕拉契山徑協會也才有正式領薪水的員工，負責步道全線整體的規畫與協調，一九八二年在林務署的支持下於維吉尼亞州的康拉洛克設立第一個步道工作隊。

這部法令也編列預算，逐年購買或以土地交換山徑沿線私人土地，並且逐步增加步道周圍的緩衝區域，以建立平均寬約一千英呎，最寬處達一英哩的防護廊道，方法是與阿帕拉契山徑協會合作購買，或採用地役權、土地信託的方式來取得土地，並召募大量地區義工監控防護廊道，以確保山徑不被新興的通訊基地台、賽車場、發電廠、煤礦公司、伐木等工程侵蝕。

自一九七八年卡特總統（Jimmy Carter）簽署「阿帕拉契山徑法案」（the Appalachian Trail Bill）至今，美國政府已經撥出一億七千萬美元取得土地，或取得穿越使用權；企業或個人也可以捐贈土地或交付信託給像協會的非營利組織，以獲得減稅，至今整段只有不到百分之〇・〇三，約六十五英哩與公共道路重疊，其中大部分是橋樑，而且是通過市鎮的橋樑。

不同於南方多屬國家公園、國家森林與州立公園，北方山徑的私有地相當多，當我在新英格蘭區的山徑健行時，常常必須經過農場中間，當地俱樂部會修建木梯以協助健行者翻越通電的籬笆，但行經農場中間的小徑時，心裡多少有點忐忑不安，因為農機在兩旁開來開去，農場主人投來不友善的目光，健行者只能保持走在一條細細的土徑上，快速穿越；有時可能為了繞過一整座農場，必須沿著農場鐵絲網邊緣繞一大圈。

華倫帶我們在北卡戶外健行時的山徑旁，私有地主在緩衝帶一千英呎的區域外圍沿線綁上醒目的螢光布條來宣示主權，嚴禁健行者闖入私有土地；做新橋那週遇上當地社區居民在山徑上砍樹、倒垃圾，這都是九〇年代後持續擴充緩衝地帶所致。當我跟著史帝芬夫婦前往白頂山做植物監測與緩衝廊道巡守時，當地新徵收的大面積土地上，有人在每棵楓糖樹幹纏繞取楓糖的管線，猜測是對地上物補償措施不滿的示威舉動。聽說不久前還曾有不滿家族土地被徵收的居民，在山徑兩側的樹上，約為眼睛高度處，綁上透明釣魚線，造成許多經過的健行者眼部受傷，或故意在山徑上騎摩托車搞破壞等激烈的抗議手段。

不管是遷移山徑沿線居民、或是山徑退離小鎮，兩者都使得山徑與社區距離愈來愈遠，想像一九四八年第一個全程行者厄爾・薛佛（Earl V. Shaffer），或者更早一點，在一九三九年第一個分段完成全程的喬治・奧特布里居（George W. Outerbridge），他們穿越阿帕拉契山徑時，有時會經過一些農場，或是走在道路上，偶爾經過山間民居。他們如果在今天重新走一趟山徑，不知道會比較喜歡當時的景觀，還是現在的荒野？也許他們會慨嘆肩上要負荷的裝備愈來愈多，也許他們會像繆爾一樣更喜歡在無人的野地獨處，或者他們會感到奇怪，在經過這麼多的保護措施後，樹木為何不若當年健康、原始？而聽到的鳥叫、看到的大型掠食動物也明顯變少？

原初的新山村藍圖——「重返土地」的鄉野運動

一九二一年班頓・麥凱在阿帕拉契共同發起人查理・哈理斯・惠特克（Charles Harris Whitaker）主編的《美國建築師協會雜誌》（*Journal of the American Institute of Architects*）上首倡阿帕拉契山徑的夢想。在他這篇名為〈阿帕拉契山徑：一個區域規畫的方案〉（An Appalachian Trail: A Project in Regional Planning）文章中，山徑只是承載夢想山村的基礎，而非目的。他並不主張「無人山徑」的荒野，相反地，他描繪出一幅勞工擺脫工業生產壓力，「重返土地」的鄉野運動。至於山徑的設計，並不是為了滿足挑戰自我的全程行者，而是讓人們體驗在土地上生活與合作精神的場所。

在他原始的山村藍圖裡，阿帕拉契山徑應當分區段修建，每個區段都由在地的社區團體直接管理與維護，有些農地可能會位於山徑穿越的路線上，當遇到這樣的困難時，他認為應該要找到最符合當地公共利益的解決辦法，讓社區利益與整個山徑的計畫充分結合，而願意開放穿越權。整體來說，各區段或許需要有所整合，以共同管理，但關於這類的機制，最後應由各區域的政府與民間團體協調出來。

理想中，山徑小屋間的距離，應當是一天舒適的健行可到之處，且不只是提供睡覺的處所，還應該像瑞士農舍一樣供應簡單食物。這些山屋應該由義工興建，而修建工作本身就是在戶外體驗自然的過程，藉此體會互助合作、共同完成的樂趣，因此必須排除商業行為的介入，保持非營利的義工色彩，而為了避免山屋被濫用，也必須要建立使用的規則。

他想像中的山徑天際線上（Skyline），可以有因為戶外休閒、身心療癒或自然教育研究等非工業目的的夏日森林學校、季節性的田野課程等活動，在山屋附近形成一些固定的社群組織，這些社群也可與既有的社區結合，讓人們可以長期居住在這些私有土地上，進行有益身心的活動。社群的位置與分布，可以透過事前整體規畫，讓每一個社群居住的人數不會過多，以維持分散、小規模的社區品質，並且採取自給自足、非營利的生活方式。更重要的是，進入這些社區居住，絕對要以非營利的方式取得，不能淪為房地產炒作。

關於這些社群所需的食物來源，班頓．麥凱相信在社群所在地的附近，將會自發地形成一些生產食物的農牧場，也有可能與附近村莊既有的農場直接結合，形成一個完整的支援系統與生活空間。這些農場更是提供人們收割、實作生產的最佳場所，農事是體驗生命最基本重要事務的場域，將能鼓勵都市人們「回歸土地」，同時提供許多工作機會，形成向鄉野發展的「反向移民」，就像紐澤西「哈德遜合作農場」（Hudson Guild Farm，New Jersy）的成功經驗一樣，以抒解城市過多的人口與失業壓力。

藍圖也包括森林資源的運用，無論是興建山屋、社群營地，或是供應社群、農場人們所需的日常燃料，都需要用到林木。他認為，與其到市場上去購買木材，還不如直接運用山徑沿線的森林，可以設立小型的伐木營地，跟農場、社區以物物交換的方式，達到在山徑上自給自足的目的。林木的利用應當要保持永續、平衡與小規模的經營，如果發展成熟的話，甚至可以跟林務署簽約，負責提供林務署所需的木材，而林務署直接雇用這些居民，就不需假手商業伐木公司介入，還可以解決當時相當嚴重的失業問題。一個紐約的勞工團體在賓州直接設立的「坦米門伐木營地」（Tamiment Camp），就是很好的典範。

在這幅最終沒有實現的山村藍圖裡，城市居民可運用每年至少兩週的空閒時間，藉由在東岸最後的荒野地勞動，過著貼近土地的生活，重新找回在工業化過程中失去的人性，建立與自然直接的關聯。但他的夢想，被許多人批評「大而無當」或「布爾什維克主義」。不過，後來無數的健行者也許會像比爾．布萊森那樣幻想著：「假如山徑沿線的小屋都能妥善經營成旅店，那該多好；可以提供熱水淋浴、單人睡舖（外加可以保護隱私的簾幕和閱讀燈，拜託），一位常駐的管理員兼廚師在壁爐裡升起愉悅的爐火，像現在這個時刻能邀請我們在長長的餐桌旁就座，送上熱騰騰的晚餐與布丁、雜糧麵包，嗯，再來一塊蜜桃餡餅更好。還有，屋外的廊下最好有幾張搖椅，可以坐下來抽一口菸，欣賞夕陽緩緩沉入遠處美麗的群山間。」我不知道，這種想像距離班頓．麥凱的夢想有多遙遠，但可以肯定的是，至少不用因為負重問題，而使我全程行者學校的老同學德爾瑪放棄走上阿帕拉契的夢想。

沒有商業介入的光榮傳統

班頓．麥凱的夢想最後並非完全幻滅，現在阿帕拉契山徑確實保持著沒有商業介入的傳統，完全由義工與社區組織修建、管理。

例如，距今一百二十多年前就成立的阿帕拉契登山俱樂部（Appalachian Mountain Club），他們最早是以健行為目的，後來衍生出其他收費昂貴的戶外課程，其中包含步道維護。此外，新英格蘭山徑在一九〇〇年代初期，有知名的綠山登山俱樂部（Green Mountain Club）、達特茅斯學院登山俱樂部（Dartmouth Outing Club）等健行團體，自發地定期維護步道。一九二五年時，這些歷史悠久的登山團體在華盛頓開會，組成阿帕拉契山徑協會（Appalachian Trails Conference），展開串聯美東南北兩大高峰的工作，而後又因出生緬因州的阿帕拉契山徑協會主席邁隆．艾弗利的堅持，由北端的華盛頓山向北延長三百五十英哩到卡塔丁山。

從社區俱樂部發展出來的純民間的阿帕拉契山徑協會，成為班頓．麥凱所謂的共同管理機制的平台，負責協調全線所經的七座國家森林、六座國家公園、超過六十個州立公園與森林，以及超過三十個地方步道俱樂部。阿帕拉契山徑協會本身除了在哈珀斯費理的總部外，還設立四個區域辦公室及六個直屬步道工作隊。這種由民間主導的運作體系，在美國堪稱最純熟、完整的典範[12]。

事實上，地方步道俱樂部的日常維護，已經相當接近班頓．麥凱藍圖中的社區分段管理，而步道義工也確實在參與修建的過程中，體會到合作、信任的社群感。但是，最後山徑沿線卻沒有發展出自給自足、儉樸勞動生活的理想山村社區，社區也沒有被捲動加入山徑計畫，現在當我們到小鎮吃冰淇淋時，有時還會遭遇敵視的目光。也許對他們而言，世界知名的山徑經過，並沒有為小鎮帶來太多利益，而社區居民們想要的，可能是

12 美國其他長步道，包括西岸太平洋山徑（Pacific Crest Trails）與落磯山脈（Rocky Moun-tains）的分水嶺山徑（Continental Divide Trails）等雖然也有步道工作隊，但他們是不定期招募義工，每次工作可能只有兩到三天，不像阿帕拉契山徑協會是有系統的運作型態。

上山去開發那些「閒置」的荒地，以換得更大的私人收益。以致於由國家公園以強制手段規畫防護廊道，為人口稠密的東岸保留最後的野地，同時也保護健行者與長距離遷徙動物，成了不得不然的選擇。

歐陸舒適的健行經驗

班頓．麥凱的夢想並非毫無風險，假設真如他描繪的至少有四萬人形成社區，布滿山徑沿線居住、開墾、伐木，而這些人卻毫無節制、大肆開發，那麼今日阿帕拉契山徑恐將失去最後的寧靜，就像復活節島最後一棵樹倒下的悲劇，還不斷地在當代世界各地重演：人們在各自利己的考量中，不知不覺就把整座山的森林砍到一棵不剩，野生動物也因棲息地消失而絕跡，阿帕拉契山脈的面貌將僅存於契洛基人永遠失落的神話中。

我不禁回憶起在法國自助旅行時的散步經驗，小鎮是走路就可輕鬆逛完的規模，在小鎮與小鎮之間移動，恰是輕鬆走上一天的距離。你可以鑽進山徑，享受一整天在樹林裡的無人漫遊，而山徑不遠處就有一個小鎮可供小住。記得有次在阿爾薩斯（Alsace）的孚日山脈（Vosges）健行，從森林高處可俯瞰一片葡萄園，底下就是十三世紀的古老村莊，木質骨架屋像同心圓般，層層圍繞著唯一高聳的教堂鐘樓，屋宇間錯落著鵝卵石鋪地的小巷，小鎮的規模從中世紀以來沒有擴張，葡萄園也絕不侵犯森林帶；或者在阿爾卑斯山（the Alps）健行，也總可以在小鎮上落腳，從寒冷的山徑上，鑽進小店享用瑞士的乳酪火鍋（Cheese Fondue）。小規模放牧的羊群，偶爾在附近山谷響著鈴鐺，融成山區的景致，小鎮居民樂於接待語言不通的健行者，為他補充到下一個小鎮前所需的能量。

美國或許是過於年輕，拓荒精神再加上現代交通工具與開發技術的輔助，使得市鎮之間的距離遠到非依賴車輛與道路不可，新造市鎮的尺度是以汽車而非步行來衡量。健行只能發生在遠離城鎮的山區，使得長距離步行成為鍛鍊體力的苦差事，不像歐洲許多國家，有著從中世紀莊園衍生下來的傳統，畢竟那時只能依靠走路、至多馬車；而中世紀以來的宗教朝聖信仰，使得小鎮習於接待衣衫襤褸的朝聖旅人。歐美兩地健行經驗的差異，或許源自於深淺不同的文化底蘊。

在阿帕拉契以外的區域山徑上，有些民間組織正在接續班頓．麥凱未完成的夢想。例如紐約與紐澤西州山徑協會（NY-NJ Trails Conference）成立了以班頓麥凱為名的中心（Benton Mackaye Center），在民間信託保存的土地上進行實驗性的計畫，再由俄羅斯與斯拉夫文化社群（Russian and Slavic Cultural Society）提供山屋、花園、舞蹈等空間，結合山徑周遭的非營利學校、社團資源，設立了三種類型的社群基地，包括：「步道環境監測的教育基地」，主要針對山徑的水、土地、空氣品質執行監測；以及「創造性的社群營地」，以山徑自然美質激發寫作、詩歌、繪畫的靈感；還有「治療性的社群」，針對失親兒童、戰爭受創兒童、北愛爾蘭暴力衝突兒童，以及外觀顏面損傷兒童等對象，提供自然荒野的戶外活動，並與社區花園結合，進行園藝治療（Horticulture Therapy）等等。類似的非營利山徑社群實驗計畫，也在西雅圖（Seattle）展開。

英國的國家步道系統則訴說著另一種故事，不同於歐陸的步行文化，而是源於英國人對鄉村景觀與生活方式的驕傲與喜愛。英國是工業革命的發源地，也最強調私有財產的保障；然而，英國人愛好鄉野的程度卻與工業化同步成長，正因為城市充滿廢氣與污染，因此喜歡到鄉村呼吸新鮮空氣。鄉村被視為共同珍惜的資產。

喜好散步的英國人主張歷史上固有的穿越權，要求地主不可以在步道旁設置圍籬或毀損步道，在「鄉村私有土地的財產權」（private property rights）與「人民有在農村鄉野間漫遊的權利」（The right to Roam）兩者之間，英國政府承認人民可以無害通過農村鄉野的步道及開放土地，同時也保障居住在鄉村的人民生活方式不受干擾。據有英國紳士風度的史帝芬說，這是源自英格蘭古老律法，英王在私有地的白松樹幹上標示叉叉，即表示此樹歸英王所有，衍生出私有財產權與公眾使用權妥協的傳統。

英國的步道系統並非單獨存在，而是置於整體鄉村景觀空間保護的概念底下，為了讓人們可以親近美麗的鄉村，鄉村社區也願意開放健行者通行。在英國，步道（Footpath）是散步者的足跡，並不是指既有的特定路線（Trailway）；英國鄉村法案（countryside law）的文字裡，步道則是指公眾近入鄉村通行的權利（public rights of way）。英國政府劃設四十九個「美麗風光保留區」（areas of outstanding natural beauty，

AONB），以及規畫無動力車輛通行的鄉村綠帶（green way），確保鄉村景觀的維護及步道的舒適。健行者可以很輕鬆地進行一日漫遊，享受步道沿途的美麗鄉村風光，然後在鄉村小鎮上投宿、用餐。想想看，整個英國國土有九萬四千平方英哩，其中九十五%都是私有鄉村土地，英國國家步道系統卻長達二十二萬五千公里，光靠政府是絕對不可能辦到的。

自一八九五年英國民間組織「共有地協會」透過訴訟，成功爭取將王室的六千英畝森林設為共有地後，英國的「國民信託」（National Trust）和「保育信託」（British Trust for Conservation Volunteers，BTCV）組織，即透過集資購買或以人力維護，以信託方式保存珍貴景觀、建築、古蹟與步道，使之成為全民共同的資產。

或許，包括班頓．麥凱在內的美國新英格蘭地區山徑團體，也或多或少受到英國民間力量的傳統所影響，以致於很早就以信託方式保存土地，並且發展出龐大的義工組織，出錢出力把假期拿來勞動。而且有些社區對健行者很友善，例如麻州的柴郡（Cheshire），有一座教堂提供健行者免費住宿，有些人家在門前還會懸掛招牌，表示健行者可以自行取水，或是摘果樹上的水果吃。

人們可以砍光樹木、開發農場賺一世的錢，也可以運用荒野對非物質的心靈價值，尋找人類需求與自然保存之間的平衡點。當人們深入認識荒野蘊含的全貌，當然可以居住或行走其間，而不傷害整體的平衡。最好的情況是，私有土地的主人負起維持生態完整性的責任，不需政府強制手段的介入；而在不消耗土地與生命的前提下，人們還可以發揮創意賦予山徑更多意義。

14 漫遊新英格蘭山徑

因為事隔久遠，我現在不太記得首次登山是在什麼樣的情況下，但記得獨自一邊攀爬一邊顫抖（我隱然記得自己曾獨自外出過夜），接著沿樹木半掩的崎嶇山脊穩穩地向上攀爬，山上野獸出沒。最後我完全迷失在高空氣流和雲霧之中，似乎越過了一條把泥土堆成的山丘和山岳區隔開來的假想界限，且認識了地表的莊嚴與崇高。把山峰和塵世區隔的，是這片處女地的莊嚴和壯麗。你永遠無法熟悉這樣的景象，一旦步入其間，你就進入忘我之境。你認得路，但卻在裸露無路可走的岩石之間，感到迷惘與震撼，彷彿它由空氣和雲凝結而成。那座崎嶇、多霧的山峰，隱藏在雲端，遠比噴火的火山口，還要令人敬畏、令人驚奇。

——梭羅《日記》

一八四六年八到九月間，梭羅嘗試攀爬卡塔丁山，在他為期兩週半的緬因州行程裡，曾經四度試圖攀爬這座緬因最高峰皆告失敗。當時他在康科德（Concord）的華爾騰湖濱（Walden Pond）自建小屋居住，已經一年半。從緬因州返回小屋後，他就埋首寫出了〈卡塔丁山〉和〈論公民的不服從〉兩篇文章。〈卡塔丁山〉後來與另兩篇緬因遊記共同編輯出版為《緬因森林記遊》（*The Maine Woods*），對於緬因當地的自然史和印第安人的民俗傳說多所記錄；而〈論公民的不服從〉就是影響「不合作運動」的重要著作。我沒有追尋梭羅的足跡，遠赴阿帕拉契山徑最北端的卡塔丁山，倒是特別搭火車抵達他的家鄉康科德小鎮緬懷。

我在華爾騰湖

從波士頓（Boston）轉搭往北方郊區的通勤火車，路上我特別帶著一本英文版的《華爾騰湖》（*Walden, or Life in the Woods*），中文譯本是《湖濱散記》，我在少不更事的時候就跟著風潮買了大師名作，回家試圖看了好幾次，每次都以打瞌睡收場，最後到底有沒有讀完，我已經不記得了，只知道那本書在書架上固定的位置一放好多年，沒有再動。然而在火車上讀英文本的時候，才看了幾頁，我就為梭羅尖刻的英式幽默頻頻偷笑，有次還笑出聲，引起鄰座側目。一個小時左右的車程，以前讀《湖濱散記》的記憶全都回來了，而且像被打通任督二脈似的，過去覺得沉悶不解之處，一剎時都讀懂了。

不知是天氣真的太好，還是讀懂的通體舒暢，出站時頓覺康科德真是個宜人的小鎮。走到遊客中心去研究地圖，這是一個具有歐陸小而美特色的小鎮，步行是認識小鎮歷史人文最好的方法。我決定趁著上午穿越整個小鎮，先到距離小鎮邊緣兩英哩之外的華爾騰湖去。出了小鎮的遮蔭，頂著烈陽踩在蒸散熱氣的柏油路面上，走了將近一小時，還得快步跑過一個行人綠燈極短的繁忙幹道，直到走進湖濱的森林之中，才又重新躲進梭羅書中的寧靜。喜愛散步的梭羅，此時若與我同行，不知會用什麼批評的語調對比今昔，今日此處吸引了很多開車前來的遊客，他們直接從那條快速道路轉入華爾騰，不需進出小鎮，停車場停滿了掛著各州車牌的汽車，使得這片森林與湖岸仍然免不了塵世喧囂。

沿著林中指標，走到一八四五年春天梭羅的湖濱小屋，他跟好友愛默生商借的十四英畝林地，現在是一片碎石黃沙，僅有一面布滿刻痕的解說牌，向後世安靜地指出原址。由梭羅迷組成的「卡塔丁社」義工們，在靠近停車場附近的空地上，重新依照書中的描述打造小屋，包括屋內的擺設。木頭建造有煙囪的小屋，長十五英呎、寬十英呎、柱高八英呎，有一道門，裡面只有一個房間，兩側各有一扇窗，一座地窖、一間小閣樓，和一個壁櫥。梭羅在書中描述，他住進去幾個月後，會透風的牆才塗上灰泥，為準備過冬還加造了一座磚造壁爐，隔年冬天再建了一個火爐。房裡靠窗有一張附有抽屜的小書桌，兩把椅子，另一邊窗下有一張覆著氈毯的木床。屋後有以剩餘木材作的儲存柴薪的遮棚，旁邊有劈柴的木樁，唯一多出來的，就是屋前現在豎立的梭羅雕像，而少掉的則是，當年小屋旁十一英畝的耕地。

當時梭羅建造這座木屋只花了二十七元九角四分，他在此度過兩年兩個月又兩天，每一星期平均的食物開銷只要兩角七分。因此他計算出一年只需工作六個星期，就可以維持生計，其餘的時間可以用來專心寫作、在湖邊森林散步沉思，偶爾到鎮上探訪朋友或發表演說，或者到遠方去旅行，甚至還有一次因為拒絕為美墨戰爭與蓄奴地主納稅而被捕入獄。

我站在小屋前，想像著同為新英格蘭人的梭羅與班頓．麥凱，跨越時空一起坐在這間小屋的對話；一八一七年出生的梭羅說：「離開原始的森林和草地，我們的鄉村生活將停滯不前。我們需要荒野的滋養。」「學生，或那些想受益的人，甚至連地基都該自己去打。那千方百計躲避人所必須的勞動以便獲得他所貪圖的閒暇的學生，所得到的只是不高貴的而又無益處的閒暇，剝奪了他自己勞動的經驗，而只有這種經驗才能使閒暇有實益」；「學者沒有理由因自詡較群眾聰明才智高人一等，就不用到溝壑野外勞動，或因超人的智慧就可以不用自給自足」；梭羅英年早逝，十七年後出生的班頓．麥凱，於是倡議了「重返土地」的阿帕拉契山徑鄉野運動，用雙手修建山徑、木屋，認為人們應該過著從自然裡取用、自給自足的生活。

在酷熱正午，駐足於這片森林仍透著寒意，可以想見當年冬天降臨時，必然寒冷難耐，梭羅在這間小屋裡寫道：「簡樸！你需要處理的事只要兩、三件就夠了，不要一百件或一千件。帳目愈簡單愈好。我因為窮乏，那就是說，生活簡樸，事務不繁，所以，日子能夠過得充實而具體。」可是他自己則為此付出代價。他原本就為肺癆所苦，在此哆嗦著劈柴生火過冬，身體底子更加虛弱，也許因而種下日後早逝的病因。我決定移動腳步，環繞湖濱散步，再找個隱蔽的角落坐下來野餐。

森林裡的步道侵蝕得相當嚴重，湖邊幾處封閉處，立著告示牌說明，因為遊客人數過多，踩踏到寸草不生、樹根裸露，因此需要區段植生。我繞過靠近停車場的湖岸沙灘，那裡人聲鼎沸，很多穿著泳裝戲水或做日光浴的人，真像夏日觀光海灘。越過這塊區域後，遊客開始變少，不意間聽到近處傳來火車鳴笛的聲音，循聲望去，有一列通勤火車緩緩通過湖畔，放慢速度正要進站。我這才聯想起，原來剛才即將抵達康科德站前，從火車上看到映照著藍天白雲、猶如鏡面一般的湖泊，就是華爾騰。

我在一片樹林掩蔭的寧靜湖岸坐下，啃著麵包、腿上攤開書，看著遠方湖上划行的獨木舟，想像著秋日的午後，梭羅在北岸泛舟，跟一隻嘲笑他的潛水鳥，忽近忽遠、相互鬥智的情景。靜靜地，我感覺自己彷彿消失在天光雲影之間，腦海中隱約聽見葉慈（William Butler Yeats）〈湖心的茵島〉（The Lake Isle of Innisfiree）的詩句，緩緩吟誦著（余光中譯本）：

我就要動身前去那湖心茵島
以枝條和泥土，結座小小的茅廬；
栽九行豆畦，搭窩蜂巢，
獨隱於蜂吟深處，領略林中情趣。

我要在島上享受清靜，原來
清靜緩緩地落下，
從早晨的面紗落到蟋蟀行吟低唱處。
那兒，子夜一片朦朧，
正午，輝映出一湖紫色的閃爍，
而黃昏，滿天撲簌，盡是紅雀翼。

我就要動身前去；因為不捨晝夜，往往

都能聽見微波徐浪輕敲湖畔；
無論是佇立街頭，抑或駐足灰色的行人道旁，
我依然在心靈深處聽見它的呼喚。

歷史與文學的時空交會

走回康科德的鎮上，站在愛默生的河邊船屋前，我的心裡仍然聽見華爾騰湖無痕的水波蕩漾；而此刻，我已經不知不覺走在一座國家歷史公園裡。

這座民兵歷史公園（Minute Man National Historical Park）是為紀念打響「獨立戰爭」（American Revolution War）第一戰的古戰場，一七七五年四月十九日就是在萊辛頓（Lexington）到康科德的路上，發生英國正規軍與新英格蘭殖民城鎮民兵的軍事衝突。當時英軍接獲密報，指稱新英格蘭民兵搶奪一批英軍軍火，這批軍火就藏在康科德附近的山丘田間，英軍連夜從波士頓行軍到康科德，準備搜尋並銷毀軍火。兩軍在康科德的北橋（North Bridge）附近擦槍走火，爆發了第一場戰役，當時民兵竟然擊

退因急行軍而疲累不堪的英軍，使得新英格蘭的領袖們信心大增，而全面展開反擊英國的獨立戰爭。

我走在這座新英格蘭風格的美麗北橋時，正好遇上國家公園解說導覽行程，許多中小學生似乎對這段歷史相當熟悉，聽得聚精會神，頻頻發問，從他們驕傲的神情看來，我想這大概是美國愛國與英雄教育的重要一課。我來此所經之處，從波士頓「自由之路」（Freedom Trail），一路往北到康科德都是「獨立戰爭之路」（Revolution War Trails），和南方的「南北戰爭之路」有著不同的戰爭記憶。從哈珀斯費理到康科德，我誤打誤撞地闖入了美國歷史的核心，把大學時代修過的美國史重新用腳溫習了一遍。

而阿帕拉契山脈似乎也串起了美國文學的線索，寫出當代自然文學代表作《溪畔天問》（*Pilgrim at Tinker Creek*）的安妮·狄勒德（Annie Dillard），就是住在維吉尼亞州藍脊山脈的聽客溪旁，整日探索住家附近的微物世界。進入新英格蘭山區，更是早期美國文學的重鎮，光是康科德，就有以愛默生、梭羅為代表的新英格蘭超驗主義（Transcendentalism）；《小婦人》（*Little Women*）作者露易莎·梅·奧爾科特（Louise May Alcott）的寫作場景；以及作家納桑尼爾・霍桑（Nathaniel Hawthorne）的別墅；而出生紐約、定居麻州的《白鯨記》（*Moby-Dick*）作者赫爾曼・梅爾維爾（Herman Melville），據說也是在麻州最高峰格雷洛克山（Mt. Greylock）上找到寫作靈感。

小小的康科德意外成為歷史、文學交會的重鎮，穿梭鎮上文學大師們曾居住過的房邸，大部分似乎仍凍結在過去的時空裡。當我偶爾與鎮上居民擦身而過時，不免聯想到梭羅口中那些愛探聽他生活方式的鄰人們，整部《湖濱散記》就是為了「喚醒」他的鄰居。我暗自打量眼前的人，在心中與書裡主人翁作比較，從他們臉上對觀光客漠然的表情，看不出這些昔日大師的鄰人，究竟是梭羅為了寫書所虛擬出來的回答對象，還是真實存在的那些尖酸抱怨梭羅的世人。而我似乎有點明白，真正的華爾騰湖也許就在我的心裡。

在紐約，爬郊山

在紐約市要找地方健行，問一百個紐約客大概會有九十九個回答你：「中央公園」

（Central Park），當我依照指示搭地鐵迢迢來到被摩天大樓包圍著的中央公園，置身在滿滿是運動人潮的假山假水公園裡，竟然對阿帕拉契山脈生起了濃濃的「鄉愁」。站在大都會博物館（The Metropolitan Museum of Art）的屋頂，從水泥叢林俯望紐約最後一塊綠地的中央公園，我一刻都不願多留在城市，只想馬上重返僻靜的大山大林。

若追問紐約附近哪裡可以爬山？恐怕很多人都會露出狐疑的神色，提出第一個問題：「你說什麼什麼契？紐約哪裡有山可以爬？」第二個問題是：「你有沒有汽車？山在鄰州很遠的地方。」記得華倫在課堂上曾經說過，阿帕拉契山徑會經過紐約市郊，而且會在沒有行人天橋與紅綠燈的情況下穿越主要幹道。華倫形容滿身髒污、在山裡很久只跟自己獨處的健行者，一旦進入紐約郊區，看到猛按喇叭疾駛而來的車流，會嚇得呆坐在馬路邊，不知如何橫越險阻，才不會跟路邊壓扁的動物一樣下場。這畫面聽來很不可思議，但查看地圖跟全程指南確有其事，只不過紐約客大多不知道這地方。

對我而言，住在紐約，把阿帕拉契當成郊山分段爬，最大的困難就是搜尋大眾運輸可及的資訊，第二個遇到的實際困難，也是爬郊山最痛苦、疲倦的部分，則是得與步調快速、緊張趕著上班的紐約客一起擠地鐵。無論最後要去中央車站搭火車，或是選擇到巴士總站（Port Authority Bus Terminal，簡稱 PABT）搭巴士，無可避免都得揹著背包（雖然已經不是重裝大背包）與登山杖，搭上往曼哈頓（Manhattan）島的地鐵。為了可以當天來回，以及避開離峰與假日久久才發一次車的等待，爬郊山就一定會跟日常上下班時間撞在一起。

好幾次當我擠入地鐵車廂時，總會為自己的背包擠到別人而感到不好意思。而我一身休閒登山裝出現在穿戴整齊拿公事包的紐約客面前，彷彿對他們是一種挑釁。車廂內的人先是對我的奇裝異服報以嘲笑眼神，有些人還會忍不住噗哧地笑，讓我得不斷低頭檢查自己是否忘了拉上拉鍊之類的；也有人會用詭異的眼神上下打量我，好像畢生沒見過登山用品，或是撞見在錯誤時間降落到錯誤地點的外星人。

你還會察覺到他們臉上的表情轉而為憤怒、不耐煩，也許根本就覺得爬山這件事，是蠢蛋才會浪費時間做的無意義的事；或者意識到自己剛從宿醉中起床，拖著尚未清醒的身軀進地鐵，正要展開又一個無止盡的上班天，而眼前這個裝束怪異的傢伙卻大搖大擺、閒閒沒事地要去度假。爬山或者不在其經驗範圍內，沒有工作去爬山甚且不符合他們的生活價值。我的出現，對整節車廂造成一種精神上的侵犯；而我笨重的裝備，隨著每次煞車、乘客的進出，則對其他人形成了一種干擾。

意識到我在擁擠的地鐵上毫無立錐之地，人們雖然擠在一起，心裡卻極端疏離，對彼此厭惡卻得貼得很近，我每每必須使盡全力與之對抗，最後把清晨起床準備美味早餐、外加野餐盒所營造的好心情給弄得筋疲力盡。還沒有出城，就已經沒力氣爬山了。之後，每當我精神飽滿裝好背包的水、爐子、水果跟食材，準備要開門出去的那一剎那，就又陷入「地鐵憂鬱症」的循環。此時，梭羅的幽靈就會像神燈精靈般現身，在我耳邊反覆地高聲說：「最快的旅行者就是走路的人……」「看吧！工業文明奇蹟的鐵路，終究是一種比走路更慢的交通工具……你看那些紐約客，我們建造鐵道，目的是為了節省時間，可是我們卻把省下的時間浪費在無意義的事情上。」

頹喪地擠出地鐵，中央車站仍然人潮洶湧。不過，沒有車廂把人關在一起，南來北往的乘客毫不注意其他人的穿著打扮，只顧著啃食三明治、或是低頭講手機，行色匆匆擦身而過。意識到自己變回透明人，我終於鬆了一口氣。即使在假日，上班人潮減少許多，這段交通轉乘的過程，仍然得在人堆裡疲倦地進行。但是每當從地底下出站，看到出城的橋樑塞滿車輛時，我想我還是情願選擇以節省碳能源的方式，利用大眾運輸，走向阿帕拉契山徑。

我在阿帕拉契山徑火車站下車

從紐約搭通勤火車往北，有一個火車站直接停在阿帕拉契山徑上，站名就叫做阿帕拉契山徑，但是只有假日才開放幾個班次停靠，而且必須事前跟列車長說明要在那一站下車，否則火車是不會停下來的。因為買票時售票員的這番叮嚀，我特別選了一個週六清晨，趕搭這班全國唯一穿越阿帕拉契山徑的火車。難得見到有幾個帶著腳踏車、或同樣揹著登山背包的健行者，也出現在月台上，看來這班車沿途所經的小鎮，都很適合短途旅行。即使如此，當我們幾個人上車時，還是引來一陣莫名所以的注目。

兩個小時的車程裡，我又開始閒散地閱讀梭羅，他在他的年代目睹了鐵路的出現，當時的火車是有錢人才坐得起的新潮玩意。鋪鐵軌的工人，是遠從舊歐洲來追尋美國夢的移民，他們乘船歷經千辛萬苦，從紐約自由女神像旁的艾利斯島（Ellis Island）等待移民許可，到了新大陸才發覺這裡並不像廣告招貼那樣「遍地黃金」。

關懷解放黑奴的梭羅，對鐵路也一樣不抱好感：「我們沒乘坐鐵路，鐵路倒乘坐了我們。你難道沒想過，鐵路底下的枕木（Sleeper）是什麼嗎？每一塊枕木都是人，愛爾蘭人，或洋基佬，鐵軌就鋪在他們身上，他們身上又鋪了黃沙，而列車平滑地駛過他們。我向你保證，他們睡得真熟。隔了幾年就換上新的，車輛又在上面奔馳了。若有人能在鐵軌上愉快地乘坐通過，必然也有人，不幸是在下面被人乘坐通過。當他們奔馳碾過了一個睡著覺走路的人，一個弄錯了位置而跳起來的枕木時，他們只得停下車子，吼叫不已，好像這只是一個例外。我聽到了覺得真有趣，他們每隔五英哩路派了一隊人，要那些枕木安分，保持應有的高低；由此可知，他們有時還會站起來呢。」

翻過這段文字，我突然覺得有點如坐針氈，不過梭羅來不及目睹鐵路衰敗，公路、汽車，甚至飛機的興起，現代人為了追求便利、快速的交通，已經遠甚於他的年代，他不知道現在美國的鐵路，反而是收入不豐的人，才搭乘的搖搖晃晃的老古董了！

在書與風景相伴下，列車長的聲音出現在廣播中：「阿帕拉契山徑到了！」我收好背包走到車門前等待下車。不料車停片刻，車門卻沒有開，我緊張地四處張望，瞥見兩、三節車廂外，有一個背包客下車的身影，旁邊剛剛注目我的乘客，也站起來幫忙，他們緊張地告訴我，趕去隔壁幾節車廂才能下車。我深怕火車開動了，就要錯過這個一天來回只停四次的小站，拼命衝開車廂間的門，在狹窄的走道上一路飛奔到車頭去。列車長正要關上車門，見我氣喘吁吁、狼狽地衝向他，就又重啟車門，放下一個小階梯，讓我跳下車去。

原來這是一個非常小的站台，並不會全面開啟車門，只在車頭那節車廂供乘客上下。站台上已經有幾個健行者在整裝，我先仔細看了站台上的公告，以免再錯失任何資訊。站台有一疊「紐約與紐澤西州阿帕拉契山徑協會」（NY-NJ AT Club）招募會員的簡介，上面公告的活動多半是每月一次的健行時程，與週末單日撿垃圾的工作，紮實的步道修復工作久久才一次。鐵路公司公告健行者注意，穿越無平交道鐵軌時，務必停看聽，司機也會不斷鳴笛，以免撞到健行者。火車時刻表上有人用粗黑筆寫了留言，提醒健行者「必須」站在站台上候車，不可躲在旁邊陰涼處，因為時刻表上雖然寫有停靠時刻，但有時列車長看到站台上無人等候，車子經過並不一定會靠站。看來不少健行者曾眼睜睜錯過最後的火車，這真是個令人神經緊繃的地方。

站台側邊的柱子漆著白漆，懸掛著一個指標木牌，一邊往南、另一邊往北，我決定遷就末班火車時刻，將剩餘時間分成一半，北、南各用半天，走到預設的時間點到了，就折返回車站，走多少算多少，不設定目的地，隨興就好。

離開鐵軌往北，要先穿越一條四線道的公路，路上汽車飛快來往，我得左右張望直到確定沒車時，才趕緊揹著大背包奔越馬路。這裡真的沒有「合法」的途徑可以穿越。接下來就是一條農用產業道路，按照指標，在產業道路底端，我得攀越一座農場圍籬，在農場中間走一個直角的土徑，先向北到正中間時，會看到一枝搖搖欲墜的木牌，上面漆著兩道白漆，然後細細的土徑九十度轉彎向西，像行軍路線一樣。邊爬圍籬時，一眼瞥見圍籬的鐵絲網上掛著「警告！通電圍籬，危險勿觸」，我縮了一下手，掃視遠方農場的耕耘農機，揣測自己此去是否有生命危險。

從西邊離開這座農場，再度翻越圍籬木梯，進入下一個農場地界。在這個農場，我的行軍路線變成另一種直角，沿著圍籬外圍先往北走到底，再跟著農場的邊界往西走到底。八月初的太陽很大，我眼見遠方的指標方向，卻不能切斜角直線穿越農場，得在好幾片廣大農場草原上，重複翻越五千公尺障礙的行軍枯燥行程。偶爾不懷好意的農機主人會駛過附近，拋來一種不得越雷池一步的監視眼光，我只敢輕聲躡手躡腳走過。汗珠不斷從帽子底下直直滴落，腦中想著，土徑看來就是一條健行者踩踏的痕跡，也許步道俱樂部也不敢在農場主人的土地上做什麼吧！

終於擺脫無止盡的農場，進入一塊奇異的森林，清涼立即撲面而來。說這塊森林奇異，是因為四周都是草原農場，只有這一片森林像沙漠裡的綠洲一樣，平地上突兀地長滿茂密的樹林。森林入口架著阻擋馬匹跟腳踏車進入的圍欄，公告欄上說明此處是「寶稜自然保護區」（Pawling Nature Reserve），更特別的是，此處並非國有森林，而是一九五八年由當地社區團體捐贈給全美第二大環保團體「自然保育信託」（The

Nature Conservancy），純粹由民間所設立的保護區。在占地一〇六〇英畝的土地上，主要保存的是沼澤地與小丘陵，在四面農場開發的包圍下，這片沼澤確實成為調節氣候與動植物的棲地。

仔細研究卻發現，最初設置保護區的出發點，竟是為了搶救方圓幾十英哩內僅存的狩獵場所。我研究好地圖後，就往十英哩外的康乃狄克州界方向出發，沒再細看一長串區內保存的動植物清單。森林的林相看來是次生林，有許多年輕的硬木、紅松、楓樹、栗樹等，八月北方的森林已經陸續變葉，顏色繽紛多樣，落葉時似有禪意。腳邊意外地有非常多蕨類和地衣、苔蘚類植物，感覺很潮濕，溫度至少比外面農場低個十度左右；走走停停觀察植物的過程中，我已經從背包中取出外套穿上了。

一邊側耳傾聽林間的鳥叫聲，我似乎又瞥見山椒魚的蹤跡，正要蹲伏觀察時，空氣中突然「砰」一聲巨響，我楞了一下，試圖尋找聲音的來源，過一會兒又再悶響了一次，密林中不易向外張望，但天色還算亮，聽來不像是雷聲，我又繼續往前走，聽見一些水聲、大雁的叫聲與拍擊翅膀的聲音，此時又接連「砰、砰」響了幾聲，距離似乎愈來愈近。

「這是打獵！」突然意會過來時，我本能地縮著涼颼颼的脖子，降低身體高度，不知該如何反應才好。腦中搜尋著華倫的錦囊妙計，想到之前在登山用品店曾看過一件可笑的螢光橘背心，上面寫著「Hiker, don't shoot」（健行者，別射我），當時還發噱訕笑，想不出誰會把這蠢玩意穿在身上。這下我一身草綠的自然色，開始後悔當時沒買一件放在背包裡。

槍聲仍繼續在保護區內迴盪，

這下我完全想起自己置身在愛狩獵的新英格蘭山區，即使這裡是保護區、即使狩獵季節通常應該在十月後才會陸續開始。我放棄繼續探訪瀑布與池塘的計畫，掉頭離開這座保護區。出了林子，我又置身於炎熱、毫無遮蔭的農場，想像自己是一隻失去棲地掩護的動物，悻悻然地往鐵軌另一頭的南方山徑走去。

越過鐵軌往南，先是草長過人的沼澤地，有兩條枕木鋪設的棧道蜿蜒伸展，接下來是一路漸進往上。這一帶山區比較平緩，山徑沿線常在林間，極少有像南方山脊稜線上的壯闊展望。這個時節，不論從北往南或從南往北的全程行者都已經越過此處；早上同車的健行者可能也已在三英哩外的山屋過夜。害怕錯過火車的我，早早回到站台上，在夏日長長的日照時間下等待。過了表定時間，火車還沒出現，我又開始緊張起來，深恐錯過回程最後一班靠站列車。

十分鐘過去了，毫無動靜，我差點就想趴在鐵軌上聽聽看列車還有多遠。終於聽到火車氣笛聲。火車減緩速度，列車長果然一隻手掛在門把上，傾身出來察看。我在站台上用力揮動帽子，拼命揮手。火車慢慢停了下來，列車長走下車、架好小梯子，我跳上車，從車頭往後走，尋覓位子，並順道接受乘客的集體「注目禮」。回程沿途上車的人非常多，我慶幸自己有個位子，可以沉沉睡去。

酒精爐派上用場

幾天前我依照「紐約——紐澤西阿帕拉契山徑協會」網站上的郊山健行推薦路線，搭火車沿著哈德遜河（Hudson River）出紐約，前往北方的冷泉山徑（Cold Spring Taril）。這是一座最適合展望哈德遜河灣的小山，山腳下越過公路，就可以抵達哈德遜河岸沙灘；那兒有開車來戲水的人潮，有人還開來遊艇，在船上喝著香檳。

這一天，我終於在山徑上拿出一直沒有機會使用的酒精爐。在林間砂石地上攤開我特意從台灣帶來的紫菜蛋花湯乾燥包，為自己準備一道台式登山午餐，一解三個多月來對台灣小吃的思念之情。

在美國的藥房找不到像台灣純度達百分之九十五的藥用酒精，只能找到百分之九十一的，起初我還擔心效果不佳，結果燃燒得頗旺。我在台啤酒精爐容器裡倒入六十毫升的酒精，在底部的錫箔紙上也滴一點酒精，然後用打火機點著底部外圍的酒精，趁著酒精爐加溫之時，在登山小鍋裡放入六百毫升礦泉水，當外圍的酒精火熄掉時，爐裡的火已經燃燒。過一會兒當酒精透過虹吸作用上升到邊緣的小孔時，火就從裡面冒出來，此時再把裝水的鍋子放上酒精爐，火焰就會從小孔噴出包圍鍋子。我開始計時。水滾後放入蛋花湯包，加入青菜配料，十分鐘內新鮮上湯。酒精也剛好燒完熄火。

嘗一口湯，香菇、菠菜使得湯頭清甜美味，蛋就像現打的一樣，好久以來都只吃蕃茄醬、奶油類的美式湯，這道十分鐘速成的簡單湯，深深勾起我對家鄉味的懷念。配著買來的麵包，滿足地咀嚼著，終於可以不再吃冷冷的花生醬土司了。之後每次郊山健行，我都用酒精爐來煮加了水果的蘋果茶、用鋼杯濾咖啡、泡台灣烏龍茶，我心滿意足地看著酒精爐，心裡思忖著，下次可以買七百五十毫升的大瓶麒麟一番搾鋁罐啤酒，試著做看看可以放團體大鍋的酒精爐，而且還可以大口喝酒……

隔天，用酒精爐煮午餐的場景，換到了近郊的熊山州立公園（Bear Mountain State Park）。這是在哈德遜河另一岸，爬到熊山頂可以展望昨天去過的山頭，這才發現冷泉山徑所處的地形原來怪石嶙峋，而哈德遜河在此形成兩山環抱的轉彎，在對岸內灣的哈德遜河沙岸，可以看見鐵軌截彎取直穿越水面而過，形成火車在河上行走的畫面。在紐約甘乃迪機場（JFK）的燈牆上，就有這幅已成紐約自然地標之一的美景。

山徑上的動物園

抵達熊山公園只有班次不多的巴士，從老照片看來，這裡以前即是紐約近郊的熱門景點，在抵達熊山公園展望哈德遜河的地方，過去可是停滿馬車的。從熊山的最高點往回走，越過熊山公園往另一頭的熊山大橋（Bear Mountain Bridge），是阿帕拉契山徑穿越哈德遜河到對岸的路線。這中間必須穿越一條主要幹道，沿著白漆走，會引領健行者進入安全的地下人行隧道，從漆黑隧道鑽到馬路對面時，意外地有一道旋轉門橫在眼前，門前有一個寫著「步道博物館和動物園」（Trailside Museum and Zoo）的招牌，有兩個人站在門前收費，入園要繳交一美元的門票；旋轉門後面是一個游泳池，游泳池門票也是一美元。

我有點迷惑地尋找白漆的去向，重新鑽過人行隧道另一邊，公路兩旁都設置了圍欄防止行人穿越，來回走了半天，我發現真的得穿過這個「攔路搶劫」的詭異動物園，沒有第二條路可走。根據全程指南的資料，此處是阿帕拉契山徑最低點（一二四英呎），此外沒有其他資訊。我再度拿出華倫秘笈，回想上課筆記，華倫對這個動物園諸多抱怨，雖然經由當地步道俱樂部交涉，全程行者入園可以免收門票（我不知道如何證明全程，管理員要用汗臭的程度來判斷嗎？）但華倫有次在四點半閉園時間後走到此處，試圖爬過被鍊條鎖住的旋轉門，被管理員逮個正著，準備開他罰單，而且硬是要他明天開園後再來。如果要繞過這個動物園，得沿著公路走很遠，才能跟著汽車道過橋，非常危險。

乖乖地繳納「買路錢」後，我沿著配合動物園動線的白漆標示，彎彎繞繞經過每一個鐵籠，被迫參觀每一個小小的「博物館」跟解說牌。之所以說被迫，是因為這個號稱博物館的展示，其實內容乏善可陳。而展示的掠食動物，如貓頭鷹、老鷹、灰熊、水獺等，都需要很大的活動空間，牠們被關在路邊狹窄的籠子裡，每個都是病懨懨、無精打采地窩著；而動物園似乎時常遭致非議，因此有一面解說牌，還針對動物保育人士批評的常見問題提出回應（Q&A），說明這些都是救傷後無法返回自然生活的動物，可發揮展示教育等功能云云。

最有趣的是，有一面解說牌特意介紹區內的阿帕拉契山徑，解說牌的斜對面則豎立著一個銅像，那是美國十九世紀最重要的詩人，被稱為「自由詩之父」（father of free verse）的沃爾特．惠特曼（Walt Whitman）。他站在這個博物館的理由，首先是他是道地的紐約人，出生長島（Long Island）、住在布魯克林（Brooklyn），雕像底下的解說牌特別節錄一首他關於步道的詩歌名作，收錄在《草葉集》（*Leaves of Grass*）裡面的〈大道之歌〉（Song of the Open Road）：

AFOOT and light-hearted I take to the open road,
Healthy, free, the world before me,
The long brown path before me leading wherever I choose.
Henceforth I ask not good-fortune, I myself am good-fortune,
Henceforth I whimper no more, postpone no more, need nothing,

Done with indoor complaints, libraries, querulous criticisms,
Strong and content I travel the open road.
Camerado, I give you my hand!
I give you my love more precious than money,
I give you myself before preaching or law;
Will you give me yourself? will you come travel with me?
Shall we stick by each other as long as we live?

翻譯是：

我愉快地漫步在大道上，
健康，自由，世界向我開敞，
漫長的土黃大道引領我到任何我想去的地方。
從此，我不再要求幸福，我自己就是幸福，
從此，我不再嗚咽，不再躊躇，不再需要什麼。

告別了室內的抱怨、圖書館、埋怨批評，
強壯而滿足地，我漫遊於大道。

朋友啊！我把我的手伸給你！
我把我的愛情給你，那比金錢更珍貴，
我把我自己都給你，讓牧師或法律為我見證；
你肯把你自己給我嗎？你肯和我攜手同行嗎？
我們能不能相守不移，終身不逾？

讀詩時想起，華倫在我上課打瞌睡時，突然激動高聲吟誦起這首詩來，當時我還被嚇醒，不明白華倫為何沒頭沒腦地朗誦「開放之路」的詩歌。見到寫著這首詩的解說牌，我才恍然大悟，原來把作風無拘無束的惠特曼與他的〈大道之歌〉，關在這個小園子裡，把理應自由開放的阿帕拉契山徑鎖在強索入園費的此處，真是荒謬、詭譎到不行。

搭上回程巴士，鄉間美景一路被拋在車後，高速公路已經開始塞車，快進城前，巴士在紐澤西這一頭，在夕陽餘暉的斜映下，隔著哈德遜河透過車窗看到對岸曼哈頓聳入天際的高樓，令我想到電影《紐約黑幫》（Gangs Of New York）裡，也有類似超現實的經典畫面：從海上看到自由女神像後面陟然拔地而起的現代高樓，彷如虛幻的海市蜃樓。從紐澤西一路塞車通過進紐約地界的橋樑後，各路巴士頭尾銜接地排隊進入巴士車站大樓，也真夠壯觀。而光是這段漫長的等候，我又睡了一輪，爬山都沒這麼累。

公無渡河

在比爾．布萊森的書中，新英格蘭山徑有兩個令人印象最深刻的部分，一是新罕布夏州（New Hampshire）的總統山脈群，這幾座以美國總統為名的山脈，高度都超過三千英呎，雖然相較於台灣的百岳並不算高，但是卻以氣候瞬息萬變著名。描述新英格蘭山徑最權威的馬姬．史提爾（Maggie Stier）與朗恩．麥克多（Ron McAdow）的《走入群山》（*Into the Mountain*），對於包括白山（White Mountain）在內的高山氣候描述，大多是像梭羅日記所寫的，明明山腳還是晴空萬里，一過山腰彷彿進入另一個恐怖的自然世界，氣溫驟降、濃霧籠罩，甚至會下起冰雹，容易陷入迷路、失溫的險境。

另一個最具特色的，就是緬因州（Maine）橫亙山徑的無數大大小小的河流。比爾・布萊森跟他的夥伴凱茲，第一次遇上「山徑竟然就在池畔毫無來由、且令人驚恐地軋然而止」。這是在莫克西・博德山（Moxie Bald Mountain）前，白漆至此指向水裡，再出現在對岸的樹幹上。他們兩個用浮木支撐，小心翼翼踩在滑溜溜的石頭或木頭上，結果摔在水裡，全身從頭到腳包括背包都濕掉，往後穿過溪流更是跌跌撞撞，不斷濕了又乾、乾了又濕的慘況。他們目睹專業健行者，習以為常地把大背包用雙手高舉過頭，不脫鞋襪、十分乾脆地直接走入水中過溪的場景，還面面相視、目瞪口呆。

華倫曾經在緬因州這段，花了相當冗長的時間教導我們如何涉過溪流。在他十四次全程行者的生涯中，目睹了緬因州溪流加深、加寬、加急的變遷。而作為一個「光榮」的全程行者，絕對要摸著每一條白漆前進，必須學會用雙腳越過溪流。比如，你必須盡早在上午八點之前涉過溪流，那時水量最小（但是也最冰冷）；渡河前你要先學會觀察水流的方向、波浪的大小，以判定湍急的程度；尋找在水淺之處渡河（通常要多走一英哩到下游處才能找到），然後還要學會辨別穩當的石頭，面對上游、配合水流，約偏離步道百分之五十至六十的方向斜斜地前進；當然你的背包絕對要注意內外層防水，而且最忌諱脫下鞋襪過河，因為容易滑倒以及弄傷腳，而影響到接下來的速度，嚴重的話，甚至得被迫中斷行程，以致在最後的階段，無法順利完成抵達卡塔丁山的夢想。

當然過河並非是沒有風險的，尤其是在緬因州境內河面最寬、暗流多而湍急的肯納貝克河（Kennebec River）。一九八五年八月，有位叫做愛麗絲．佛倫斯（Alice Ference）的女人，在跟她的先生共同渡過此河時，因為水流湍急而失足溺死；他們從一九七七年開始分段行者的生涯，卻在卡塔丁山腳下功虧一簣，甚至失去性命。事件發生後，緬因阿帕拉契山徑俱樂部（Maine AT Club）與阿帕拉契山徑協會開始研商預防類似悲劇再度發生的辦法，隔年就在好幾處河流設置了擺渡服務，由緬因步道俱樂部的義工，或與附近經營民宿的業者簽約付費，以雙人獨木舟載運健行者過河。

擺渡並未平息全程行者們的爭論。像華倫這種追求純粹的全程行者，就非常抗拒搭船，他們堅持全程雙腳都不能離開土地，更不能搭乘交通工具。他曾經在擺渡口跟當地步道俱樂部的義工發生爭執，他堅持要自己渡河，但是這違反國家公園署的安全規定，於是他提出了變通的方法，諸如扶著船走過去，或者自己用雙手划，但最後都以安全為由而被拒絕了；結果他憤而繞路，走到離渡口很遠看不見的地方，強行渡河再走回有白漆的山徑。他在敘述這個過程時，我想到兩千多年前中國的古詩〈箜篌引〉：

公無渡河，公竟渡河。墮河而死，當奈公何！

其實因為緬因渡溪常發生意外，而全程行者又相當堅持「原則」，因此緬因步道俱樂部於一九九二至一九九四年間，在很多段落嘗試尋找替代路線，配合水流將山徑多次改道；而阿帕拉契山徑協會也在一九八九至一九九四年間，對幾條溪流做了架構橋樑的工程評估，但是相較於付費的擺渡服務而言，建橋成本相當昂貴。因此，最後決定承認搭船過河仍然符合全程行者的認定，每年五至九月天天都有免費擺渡的服務，而且在健行旺季的時候，每日提供兩次擺渡服務。二十幾年來，已經載運超過兩萬名健行者過河，肯納貝克河的擺渡者史帝夫・朗利（Steve Longley）在二〇〇七年還被阿帕拉契山徑協會選為新英格蘭區的「年度最佳夥伴」（Partner of the Year）。

我最終並沒有渡河，行程也無法遠及總統山脈；梭羅沒有攀爬成功的卡塔丁山以及小約翰最愛的佛蒙特山徑，就像擺在我心底書架上一排還沒有打開的書，等待下一個長長的暑假，那時季節適宜，陽光正好，讓我可以悠閒地——慢慢翻越。

15 從那裡到這裡

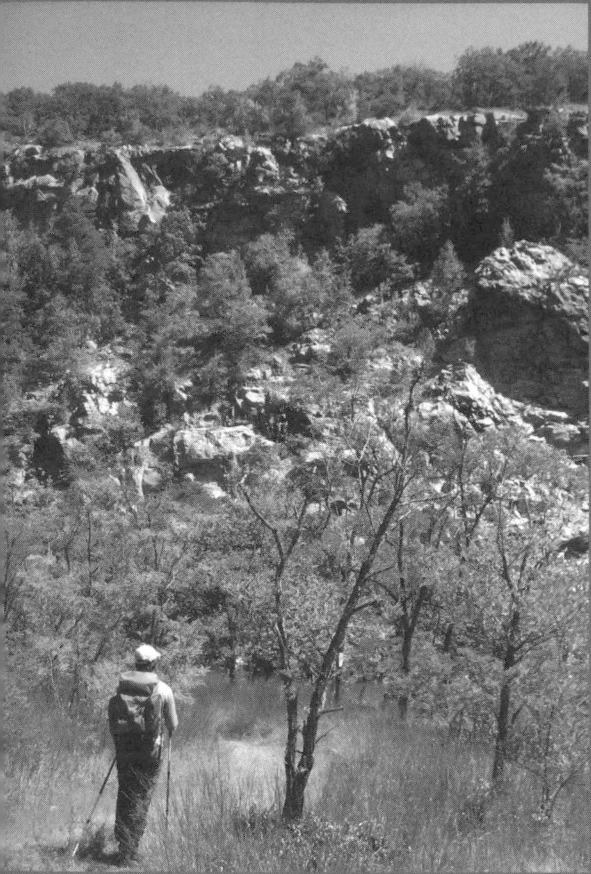

你說，你最愛看這原野裡，一條條充滿生命的小路，
是多少無名行人的步履踏出來這些活潑的道路。
在我們心靈的原野裡，也有幾條宛轉的小路，
但曾經在路上走過的行人多半已不知去處：
寂寞的兒童、白髮的夫婦，還有些年紀輕輕的男女，
還有死去的朋友，他們都給我們踏出來這些道路；
我們紀念著他們的步履，不要荒蕪了這幾條小路。

——馮至〈原野的小路〉《十四行集》第十七首

最早的步道是哪一條？

可能是尼安德塔人（Nean-derthal）從非洲出發，花了一萬五千年的時間，慢慢沿著古大陸走到歐洲與西亞的遷徙之路。他們與歐洲發現的現代人始祖「智人」（Homo sapiens）克羅馬儂人（Cro-Magnon）在歷史上曾並存一段時空，但彼此似乎沒有相遇，尼安德塔人也沒有基因傳承下來，他們為什麼走那麼久、那麼遠的路？又選擇了哪些路線？答案也同樣成謎。或許唯一可以確定的是，他們確實用雙腳走了那麼遙遠的距離。

人類在歷史上的足跡，路線的決定有時可能是隨意的、偶然的，但更多時候總會有某些理由，最簡單的可能是跟著獵物、或因應環境變遷下食物的改變而移動，例如邵族追獵白鹿到現在的居地，在許多原住民的神話中也都有類似的情節。

經濟上的貿易往來也是重要的原因，像是中國與西域之間的絲路、原住民的社路、清代挑魚與挑鹽的古道、乃至探險採礦或伐木的古道；政治上為了統治的目的，像中國古代秦始皇修築的「直道」，按史書記載南北延伸長達「千八百里」，或者清代台灣的南北縱貫古官道；也有基於征服的便利，羅馬帝國修築廣及歐亞非、總長達八萬公里的四通八達大道，而台灣也有日治時期為推砲車「理蕃」沿等高線興建的古道；也有為宗教文化的溝通目的，例如唐代玄奘的西天取經之路，又如西方傳教的路線，總是由文明深入蠻荒的中心；信徒朝聖也是重要理由，比如從法國諾曼第走到西班牙聖地牙哥的星光之路、穆斯林前往麥加朝聖的沙漠之路；也有眾神走出殿堂的出巡之路，其中即使每每路線不固定的白沙屯媽祖，決定路線的擲筊儀式仍有冥冥中的理由，因為神明心中有一把悲憫眾生的尺，而隨轎的眾人以徒步苦行在鄉鎮廟宇間，藉以體會神的旨意。

兩地之間的移動，為什麼決定走這條路，而不走那條，除了由神意決定的案例外，大多反映了地理自然的便利，或不得不然的選擇，比如穿越天險的蜀道、蘇花古道等；有時更反映權力與利益，比如以城市、首都為中心，四面八方向外延伸的路，如紫禁城、華盛頓、巴黎的西提島（ILE CITE）的城市道路。

歷史上的路，很少是個人隨意選擇的，即使午後三點的康德散步，也總是嚴守固定路線，而選擇路線的背後，往往反映了人類的集體意志。

當代許多個人為了挑戰自我的身心極限，即使交通工具進展到無法想像的快速，仍然要用雙腳走很遠的路。比如攀登難以想像的高峰、山岳，又或是連結許多山脈的稜線；作此決定有時也連結到個人生命史的各種奇異時刻，比如尼古拉·克蘭（Nicholas Crane）花五百天走過歐洲分水嶺[13]，刻意避開任何機械設備，要讓自己體會歐洲四季的變化，並特意穿越當時仍在「鐵幕」中的東歐國家、巴爾幹火藥庫以及「異教」的聖地。

路在人跡漸少後，有時會因為原初目的消失而湮沒在草長樹高間，有時則因自然人文地理的變遷而改道，或因人類城市的變遷而消長，最常見的一種不知該歸屬於消或長的步道發展史，就是從一條步道變成郵驛道，隨著交通運輸技術推進，上面鋪以軌道，或又拆除軌道成為公路，拓寬或高架而成高速公路，最後再也難辨本來面目；也有一些車船使用過的道路，因為一群人的意志，卻反向演變回供人走路的步道。

這個時代也有許多步道，不是依循自然與人文的演變而來，而是有一群人，決意把一些原本沒有關連的步道，串連在一起。這群不為政治、經濟、宗教、自我挑戰等理由，改寫、創造歷史的人們，乃是為了證成其對世界的理想，將內心形而上的哲思，以最具象的步道形式向世界宣告。

一條路的歷史，本身就是一本豐富的書，寫滿故事、貼滿舊照片，書的扉頁上還有一些書籤、便利貼、隨筆、畫線與折痕。

也許當我們這一代文明整個在地球上消失，再過百萬年新的人種出現，他們往回追溯考古時，原本現已消失、零散的路跡，又會意外地在異時空拼湊出一條想像的路線與故事。路上行走的人們成為過去，足跡也早已不見，但路徑卻在他們身後留下來，成為一首首人人能讀的詩。而我則是一個愛好追尋詩句的旅人。

從三十三號閘口到〇公里

剛從山徑回到陌生的城市時，我在華盛頓特區隨興閒晃，讓自己重新適應文明的速度。

13 書名為 *Clear Waters Rising: A Mountain Walk across Europe*，有中文譯本《山高水清》。

某天，為了尋找一條鐵道改建的腳踏車步道，我搭上巴士，前往波希米亞風的購物天堂喬治鎮（George Town）。知道我要來華盛頓，幾個愛好騎單車的步道俱樂部朋友們眾口推薦，但又只給了我這個小鎮的名字，什麼線索也沒有。但這是一個值得散步的美麗歷史小鎮，許多街道仍保有鵝卵石鋪地的陸上電車軌道，還有歷任總統吃飯、小住過的酒館、客棧。

漫無目的地逛著櫥窗，轉角彎進一段運河邊的舊倉庫區，瞥見「單車出租」的牌子，心想也許那條傳說中的步道就在附近。沿著舊倉庫區四處逛了一會，又進入一個以舊倉庫外觀改建的購物中心、美食街，沒看到哪裡有自行車道。我有點失望地繞到倉庫區的另一頭，那裡有座小小的公園，就在運河邊上，一些舊倉庫區的餐廳會在臨河這一頭開個門，擺幾張餐桌椅，有些顧客正坐在那裡高談闊論。

我拿起相機在橫跨運河的橋上拍照，不經意地，從鏡頭裡看見一個穿著像荷蘭農婦的婦人牽著一頭騾子進入我的觀景窗。我放下相機趨前觀看，遠方橋下運河邊上剛剛有人慢跑的小徑，真的有兩個戴著草帽、打扮相似的婦人，一人牽著一頭騾子向這邊走來。

我原本以為是堅持古老生活方式的的阿米許人（Amish），但這兩頭騾子後面還連著一條長長的繩子，順著繩子看過去，有一艘木船緩緩從那頭橋底下冒出頭來，再經過我腳底下的橋，朝著運河另一頭前進。我趕緊跟蹤這列奇怪的隊伍，在運河上方小巷子間鑽來鑽去，尋找運河的去路。

等我追上的時候，木船已經停靠，古裝打扮的婦人與騾子已經不見蹤影，我則置身在一個垂柳掩映的河道底端。木船旁有一個提高運河水位的蓄水閘口（Lock），上面標明一號。我覺得這個閘口很眼熟，似乎在哪裡看過類似的牌子，四下張望找到解說牌，原來就是在哈珀斯費理曾看到的C&O運河彼端，哈珀斯費理那邊是閘口三十三號，正是整段運河的中間點。這裡河道盡頭右轉有一個指標，指向C&O運河的〇公里處，順著地上的腳踏車道指標去到華盛頓港（Washington Harbor），那裡就是與波托馬克河交會的運河起點，沿路都有解說牌回溯運河的歷史。

原來波托馬克河是內陸貨物向大西洋岸運送的河運路線，終點就在喬治鎮，但是船隻很難反向上溯內陸，只能用小船撐篙而行。當北方的東西向伊利運河（Erie Canal）

the horn blast of boatmen even at 2 a.m. or on Sunday
After all, time was money.

成功橫越密西西比河後，南方貿易貨運業主擔心失去優勢，遂在一八二〇年代開始興建與波托馬克河平行、可以溝通內陸俄亥俄州（Ohio）和卻斯皮克海灣（Cheasapeake Bay）的東西向運河。一八三六年完工後，引波托馬克河注入運河道，用騾子拉貨船即可雙向進出，從內陸運送山上的煤礦到沿海城市，同時也成為當時郵驛的重要路線。

在運河運輸的極盛時期，沿途七十四個閘口日夜運作，閘口工人甚至在星期天都得工作到凌晨兩點，不斷為來往船隻開啟閘口，小心控制十四萬加侖的水量，以使貨船得以因為水位升降而順利進出。但是波托馬克河水量極不穩定，且經常氾濫，運河河道容易淤積，維護成本過高，加以鐵路運輸興起，因此到了一八八九年，運河業主就把產權轉讓給巴爾的摩與俄亥俄鐵道（Baltimore and Ohio Railroad，B&O）公司，而哈珀斯費理正位於 B&O 鐵路與 C&O 運河的中間點，成就了當地貿易與工業的極盛時期。直到一九二四年運河因水患完全停止營運，一九三八年產權轉再度讓給聯邦政府。

解說牌至此，標題寫著「因為一群人的努力，你腳下的土地成為國家公園」。歷史在此本來可能走向另一條岔路：二次大戰後，國會出現將運河道改建為公路的討論，一九五四年初華盛頓郵報（Washington Post）以大篇幅社論支持改建公路，此時，看到報導的聯邦政府最高法院大法官威廉・道格拉斯（William O. Douglas），立即投書主張應將美麗的運河道保存為國家公園，並且公開邀請撰寫社論的編輯與他同行，親身體驗運河歷史與自然的保存價值。華郵的編輯梅洛・普賽（Merlo Pusey）與羅伯特・伊斯塔布魯克（Robert Estabrook）立即表示願意接受挑戰。

一九五四年三月二十二日他們出發這天，引起全國媒體的關注，道格拉斯請到研究這條運河歷史人文的專家同行，一行九人從運河起點的昆布蘭（Cumberland）開始，總共走了八天，走完全長一八四・五英哩的舊運河道，沿途陸續有人在各地加入健行隊伍，最後抵達華盛頓喬治鎮的時候，受到前來迎接的民眾熱烈歡迎。華郵編輯伊斯塔布魯克詳細報導沿途風光，並表態支持C&O運河設立為國家公園的立場，輿論因而轉向，在許多人努力不懈的爭取下，一九六一年運河道被指定為國家級歷史遺跡（National Monument），一九七一年正式設立為國家歷史步道。運河內不再蓄水，昔日的騾子道成為今日的步道，在哈珀斯費理那段與阿帕拉契山徑重疊。

如果不是五十幾年前這些人用行動改變集體的意志，今天的我也就看不到騾子拉船的歷史重現。因為當歷史場景都已經變成風馳電掣的快速車路時，就跟全世界任何地方的畫面一樣單調。歷史一旦被壓在公路柏油底下，就失去了原有的獨一無二，成為沒有歷史深度的地方。

至於我原要來尋卻沒尋到的舊鐵道步道路線，以及包括前述的 B&O 鐵道在內的許多廢線鐵道，則在民間「鐵道改為步道保育組織」（Rails-to-Trails Conservancy）努力下，從一九八六年起，致力防止鐵道產權轉移為商業開發用地，爭取將廢棄鐵道保存為供民眾休閒、健康用途的綠帶，並且納入國家步道系統保護之中，至今已經完成一萬三千九百三十五英哩步道的改建，目前在各地社區的響應下，長度還在不斷地增加中。

從高山到海洋

類似像阿帕拉契山徑這樣串連長步道的夢想，現在仍持續不斷地進行著。當我在美東最高峰的米歇爾山區，行走南北向的阿帕拉契山徑時，與北卡正在進行的東西向「從山到海步道」（Mountain to Sea Trails，MST）相接。在步道工作隊遇到不少來自北卡的義工們，同時也是「從山到海步道之友」（Friends of the Mountains to Sea Trail，FMST）的會員，他們參與修建與串連步道，負責與政府、各地社區以及地主協調，逐段逐段地完成步道串連。據北卡的朋友說，這條從田納西州界綿延到大西洋岸外灘群島（Outer Banks）的步道，橫貫整個北卡，甚至還經過他們所住的社區附近步道，把社區小徑也串連在內。

從一九七三年北卡州議會通過「北卡步道系統法案」（North Carolina Trails System Act）開始，「從山到海步道之友」就開始規畫串連既有的山區、公園步道、小路、自行車道等路線，既要把北卡最具代表性的景觀含括進去，又要進入小鎮、走進社區。從起點大煙山國家公園的克林門圓頂（Clingman's Dome），東到大西洋邊的加磯之脊州立公園（Jockey's Ridge State Park），高差達六千五百英呎，境內的國家與州立公園、森林、保護區幾乎都含括在內，同時也經過人口稠密的三十七個郡（counties）、三十五個小鎮、十一個城市，使得步道增添了生活化的特色。

在「從山到海步道」短短不到一千英哩的步道上，也包含相當多樣的自然與人文景觀，沿途有兩千英呎以上的高山、主要河流、湖泊、海灣、瀑布、沼澤與島嶼，其中靠近大西洋岸部分的步道，甚至延伸到整個離岸外灘島嶼，島岸間的沖積沙洲就是當年萊特兄弟（Wright Brothers）飛行試航之地。這些多樣性雖然豐富了步道的內涵，但同時也提高了串連的困難程度，在既有的公園地帶與既有道路以外的區域，很多斷點需要大量義工修建步道，還有些路段需要增添橋樑、山屋等設施。

大概也就是因為這樣民主、自由的組織風格，據說並沒有人確切知道「從山到海步道」是否串連完成，但他們相信各自逐段地從住家附近開始修整，總會完成串連的工作。最近有幾位全程行者已經宣稱走完全程，據他們的說法是，除了極少數尚未銜接的段落必須自己找路，基本上已算初步串連完成。「從山到海步道」已經被收入最新「全美二十五條長步道全程行者指南」（Thru Hiker's Guide to America）裡，其中鄰近藍脊公路的段落，在二〇〇五年被指定為國家休閒步道（National Recreation Trail），使得「從山到海步道」不只是北卡的驕傲，更具有國家級的水準。

卡塔丁以北、貝爾島以南

至於阿帕拉契山徑本身，串連的工作也還沒有結束。熱愛健行的加拿大人認為，從古老的地質意義上來說，阿帕拉契山脈真正的尾稜沒入北大西洋，終點應是在加拿大的紐芬蘭（Newfoundland）與貝爾島（Belle Isle）離岸二十公里處，全長超過五千五百五十公里，因此阿帕拉契山徑也應該跨越人為劃定的政治疆界，從現在美國緬因州的卡塔丁山繼續往北，銜接加拿大境內的步道，成為「國際阿帕拉契山徑」（International Appalachian Trail，IAT；法文是Sentier International des Appalaches，SIA）。

這股風潮首先於一九九四年地球日提出，漁業生物學家迪克・安德森（Dick Anderson）倡議依據自然生態領域的整體性，將阿帕拉契山徑從卡塔丁山跨界延伸到新伯倫瑞克省（New Brunswick），以及魁北克省（Quebec），最後在一九九〇年代末期串連完成。有意思的是，新伯倫瑞克的居民，是當初因為反對美國獨立而遷離美國領土的歐洲移民後裔，而加拿大的魁北克是法語區，也一直很想脫離加拿大獨立。但他們腳下的阿帕拉契山脈以及國際阿帕拉契山徑，卻將北美洲不分國界地連在一起，同時也將加拿大內部不同區域的人們連結在一起。而安德森的本意就是要弭平這種人為的區隔與差異，促進國際間的合作與相互理解，以實際行動來保護人類共同的自然遺產。

到了二〇〇三年時，他們再度決定要從紐芬蘭連接到魁北克跟新伯倫瑞克，使加拿大的國際阿帕拉契山徑路段總長達一千四百英哩，這段山徑已經於二〇〇六年九月開通。國際阿帕拉契山徑現在正準備要從新伯倫瑞克跨過海灣，延伸到新斯科西亞省（Nova Scotia），北端從拉布拉多半島跨越貝爾島海峽（Strait of Belle Isle）進入紐芬蘭最北端，抵達山脈頂點貝爾島。山徑在這裡環繞聖羅倫斯灣（Gulf of Saint Lawrence），沿著紐芬蘭、拉布拉多、新伯倫瑞克與布雷頓角島（Cape Breton Island），步道在貝爾島變成被兩面海洋環抱的美麗海岸山徑。

班頓．麥凱的文章中曾設想一個巨人的眼光，從天空俯瞰阿帕拉契山徑的天際線。這位巨人在一九二一年時，起初只看到新英格蘭一段短短細細的山徑，他好奇地沿著山徑，從附近最高的華盛頓山出發，經過北地作為獵場的森林，有冷杉點綴其間，他穿越北方散佈的湖泊河川，從緬因州經過印第安部族的區域，越過綠山（Green Mountain）往南，會看到從波士頓到華盛頓特區之間，密佈著擁擠如蜂巢般的城市，途經美麗的德拉瓦峽谷，進入賓州又看到一排排種在地上冒著煙的煙囪，這些生產煤與鋼的工廠連綿到匹茲堡（Pittsburgh）。越過波托馬克河，在哈珀斯費里附近才又鑽入茂密的森林；南方阿帕拉契則仍保留著丹尼爾．布恩（Daniel Boone）在拓荒時代看到的景象，巨人會發現南方的水資源相當豐沛，他順著一個個水力發電廠往南，會看到天然橋岩、南北戰爭古戰場，最後置身於大卡羅萊納區域的硬木樹林，當他坐在東部最高峰的米歇爾山上休息時，他會沉思著南方棉花田與北方森林間的人們不同的生活樣態。

阿帕拉契山徑從這之後串連起來，九千多個全程行者邁著巨人的步履，直到一九九七年，出現第一個國際阿帕拉契山徑全程行者——約翰．布蘭達（John Brinda），他延伸了巨人的腳步。當他從佛羅里達走到國際阿帕拉契山徑近北極的邊上，他的視野也隨之從高山跨海走向半島、再從半島走向海洋，他用雙腳與四億八千萬年的古老山脈貼合，從美國進入加拿大、走過英語區與法語區，走過印第安史前時代、狩獵採集、農牧社會的神話世界，也見識到靠山吃山、靠海吃海的北大西洋捕鯨產業的歷史起落。他與歐洲地理大發現時登陸新大陸的探險家進行了跨時空的對話：跨越無形的文化疆界與有形的政治疆界，見證人類政經歷史的和與戰、分與合。

小念頭轉動大世界，故事正要啟程

國際阿帕拉契山徑接續著阿帕拉契山徑，今天發展的規模遠遠超過八十七年前班頓・麥凱的想像。而班頓・麥凱夢想的開端是起於佛蒙特的斯特拉頓山（Stratton Moun-tain）；當年他坐在山頂一棵樹下，被眼前的森林與群峰展望所感動，腦子裡就產生這樣的想法。同樣也是在斯特拉頓山上，詹姆斯・泰勒（James P. Taylor）在一九〇九年靈光閃現，創造了全美第一條長步道，即位於新英格蘭長達兩百七十二英哩的朗恩山徑（Long Trail），這就是巨人最初的起點。當他所領導的綠山俱樂部（Green Mountain Club）於一九二一年開通朗恩山徑時，班頓・麥凱提出了更長的一千兩百英哩串連南北兩峰的阿帕拉契山徑的構想，在邁隆・艾弗利擔任阿帕拉契山徑協會主席的時候，山徑向南向北各自延伸達超過兩千一百英哩。而迪克・安德森受到啟發，將阿帕拉契山徑再向北伸展至加拿大，再拉長一千四百英哩，直逼近北極圈的陸地盡頭。

令人好奇的是，到底是什麼內在的驅力或人類共同的衝動，促使人們想要串連步道？而且一段一段地愈拉愈長？或是雖處於不同的地域、不同的時空仍以不同的方式進行串連？班頓・麥凱的山村藍圖，是源自於對人類「生活的根本問題」的思考。在一次大戰重創後，高物價、高失業率的大環境下，提出這種具有戶外休閒意涵的山徑構想，似乎過於奢侈。他卻認為，真正的戶外活動不只是在野地睡覺、吃飯而已，甚至要能夠具備自己生產食物的能力，因此，戶外休閒不是等到滿足溫飽以後才發生的事情。相反的，戶外休閒才能真正解決失業勞工的問題，因為失業勞工面對的不是資本家與勞工之間的對抗，也不是經濟蕭條的問題，而是人類生存的基本價值問題。戶外活動只是還原「勞動」在工業革命之前的意義，勞動不應該是沉悶單調的討生活，人類社會中大部分的疾病與壓力，正是來自於脫離自然、遠離土地的勞動。「工作」與「玩樂」應該結合在一起，勞動才會充滿創造力，而非僅止是維持基本生存。

但如果只是要讓戶外活動成為勞動的本身，而非僅止是工作之餘的調劑，那麼班頓．麥凱大可不必大費周章地要把東岸野地串連在一起，以一條堅持用腳走的步道去連結這些戶外社群。這個疑惑一直困擾著我，直到與發起台灣「千里步道」運動的黃武雄老師對話。

千里步道的夢想是要串連一條環島的步道，設想「有一天，你可以徒步去走遠路，或騎著單車去環島，你走過一村又一村，一鎮又一鎮，沿途沒有汽機車的威脅，沒有工廠廢棄物的污染，只有美麗的山海與青綠的田野風光，你腳下穿過的是停止開發的『美麗風光保留區』（AONB）……你可以在某個小鎮夜宿，翌晨又動身上路，你腳沾夜露，迎向晨風……你默默的走，默默的想……這條路乘載你的思緒，伸向遠方，沒有間斷……」[14]，描述的是他早年主持農村調查計畫時，對台灣的記憶。

14 引自黃武雄的〈從千里步道談環保運動〉。

這條步道「臨山近海，走入平原。白天你看到沿途美麗的花草與田舍，夜裡你在星光下低迴，在流螢中目眩神迷。雖說環島步道，你並不急著走直線，因為你追求快速走直線的結果，只是回到原點。這條步道蜿蜒曲折，卻讓你看到無限」[15]。我記得早在一九九七年，當我讀他的畫冊《那裡有條界線》時，就隱約感覺到他對台灣美好事物消逝的焦慮，特別是代表開發力量的水銀燈，強光照得動物們夜裡沒有夢，而世界日夜輪轉的自然秩序再也不分。二〇〇三年他再寫〈從鄉野三害談台灣公眾力量的形成〉，直指水銀燈、紐澤西護牆與除草劑是台灣的「鄉野三害」。這些點點滴滴的思考，終於在二〇〇六年形成串連環島步道路網的運動。

這條在台灣首次嘗試的步道串連，正好發生在我前往阿帕拉契的旅程中。回國後這兩條偶然同時發生在我生命中的串連故事，似乎隱約透露著下一步追尋的線索，我除了開始在步道主管機關與相關民間社團間，推廣阿帕拉契山徑步道志工的經驗，同時也加入了千里步道運動。而今天，千里步道運動，在台灣各地引起的迴響與捲動的規模，也遠遠超過當年黃武雄在農村裡走夜路時的沉思。

與阿帕拉契山徑不同的是，千里步道並不打算遠離人煙，也不像國際阿帕拉契山徑建立在地質連結的基礎上。在小小的台灣，若單純想要像國外那樣串連步道，也許會挑選中央山脈大縱走的路線，然而千里步道運動卻想要進入社區、鄉鎮，跨越地形上被東西奔流的河川所分隔的縣市，南北圈繞台灣。從扭轉開發思維、喚起民眾保護現存美景而言，這是「大地倫理運動」；從由下而上的自力探查、規畫、重新認識家園周遭的故事而言，這是「鄉土文化運動」；從主張行人與自行車自然路權，爭取在城市與道路安全行走的空間，這是「人本交通運動」。而我也同時看到潛藏其中的內在可能：即是在不同族群、語言的人與人之間，重新建立新的連結的「共同體運動」。

從連結的角度出發，夢想才有了實踐的力量，哲學也才有了具體落腳的行動所在。

根據黃武雄老師的觀點，「人類天生所共有的原始趣向」有三：除了基本的「維生」之外，還有「互動」（communication）與「創造」（creation）。他認為串連步道是「互動」的趣向驅使。人類祖先最先基於維生走過古大陸，成為今日散播各地的民族，而人

15 引自黃武雄的〈夢想幾年後台灣出現一條環島的千里步道〉。

們彼此之間渴望互動，而不斷嘗試相互溝通、連結，從公路到高速公路，乃至飛機、網路，任何兩地的連結似乎更緊密、快速、便捷，然而人與人直接的互動卻更形疏離。因而人們想要重新互動的趣向，再度驅使不同時空的夢想家提出串連步道的構想。從這個觀點，回過頭看班頓・麥凱的山村藍圖，他關於人類在土地上以雙手勞動、運用自然自給自足的倡議，就是一種「維生」趣向；而結合「工作」與「玩」，並且建立戶外休閒、療癒與教育研究的社群，則是屬於「創造」的趣向；而以一條步道串連這些夢想，就是在尋求人與人、人與自然之間的「互動」，並在不斷的互動中滿足維生、激發創造。跨距長達一個世紀、從那裡到這裡的啟蒙與傳承，夢想家開啟了轉動世界的鑰匙，數以萬計的義工、民間組織，踩著前人的足跡走成步道，而步道又串連起散在各地的風景與故事、自然與人文、過去與未來。

步道的串連本身不是目的，行走其上也不是終極目標，串連的背後總有著更深層的夢想，是這些夢想自身想要跨越地理的限制、想要挑戰既有的權力結構，重新建構一個新世界。而這些只有你徒步走過，甚或徒手做過，才會看到夢想家的視野，並透過自己的眼睛，重新觀看這個世界。

故事不只發生在遙遠的國度，也發生在我們腳底下的台灣，當我暫時結束阿帕拉契山徑的探索，我才發現，當初在石階上的腳痛已引導我走上一條追尋夢幻步道的旅程，而現在，我在台灣實踐的旅程才正要開始！

讀者回應：細讀銘謙的書

——黃武雄（千里步道運動發起人）

一

翻開幾頁書，我馬上被「Walt-Mart 大戰 REI」的標題吸引，華倫・杜耶（Warren Doyle）的個性與思想躍然紙上。他反對阿帕拉契腳行者攜帶很多REI高科技的登山裝備去山裡。走入三千五百多公里的山徑，他認為連帳棚（Tent）也不用，只帶一條防水布（tarp）就夠了，請看看他在白板上畫的比較圖：

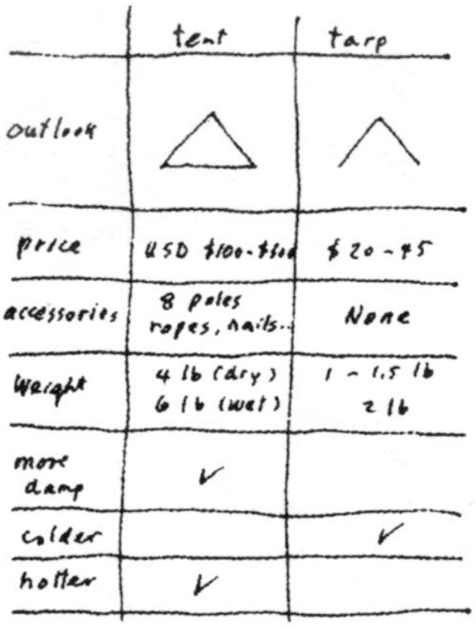

	tent	tarp
outlook	△	∧
price	USD $100-$800	$20~45
accessories	8 poles ropes, nails..	None
weight	4 lb (dry) 6 lb (wet)	1~1.5 lb 2 lb
more damp	✓	
colder		✓
hotter	✓	

經過一長串的比較，最後關於野生動物那一欄寫著：

帳棚——看不見，防水布——看得見

……啊！可愛的黑色幽默。

台灣登山界也有這兩種觀點之爭。在苗栗山裡卓蘭東郊的大坪頂上，有一個被附近居民稱為「森林中學」的全人學校，近年因學生一連幾次登上阿拉斯加的麥肯尼（Mt. McKinley, 6194M）及南美阿空加瓜（Mt. Aconcagua, 6959M）而享譽國內。一九九五年成立之初，校內就存在這兩種看法：到底登山需要配備昂貴的高科技用品，還是使用簡陋的輕裝？原住民終日與高山為伍，上下自如，為什麼我們的年輕學生不能向他們學習？

銘謙在書中也提到：

> 過後我慢慢認識到台灣的山岳界，也存在同樣的爭論，比如早期台大登山社的前輩們，穿著雨鞋像原住民一樣背上竹簍子，帶著鹽巴在山上吃苦克難，激發人類的極限；另一方面，以歐陽台生老師為山頭，主張選擇高科技的登山裝備，強調登山

安全。

苗栗全人中學自創校以來，每一學期登上一座大山，是全校師生的重頭戲，而一直帶領學生登山、啟發學生愛好自然的老師，便是銘謙所提到的，台灣登山界的重量級人物——歐陽台生。歐陽老師在登山與緊急救難方面，受過一流的現代訓練，二十年來對台灣貢獻卓著。

銘謙又提到：

在美國……另外還有林．惠爾登（Lynne Whelden）代表中間派，主張蒐集各個資深山行者不同的私房秘訣，達到輕量化，並學習辨認山中可食用的植物，就地採食以減少負重。這一派比較接近台灣的生態登山學校、五二三登山會。

在我看來，這類問題的爭論，永遠莫衷一是，事實上也很難說誰是誰非，但多面思考總是好的，思考清楚之後，再歸個人選擇。

登山要加強安全才能推廣，這項策略思考很有說服力，而且人的生命無比珍貴。但高科技產品不只昂貴，而且製造過程增加環境污染、增加消費，即使強調 LNT（Leave no trace：山林無痕），淨結果也不見得有利於生態環境。

談到這裡，我們必得先問：登山的價值是什麼？除了靠山吃山的需求之外，為什麼人類要走入山林？甚至要為此冒著生命的危險？既然人接近山林只會破壞生態環境，若非登山本身有什麼正面價值，就不應該讓人類走入山林。

事實上，這正是激進環境派的立場。

激進環境派乾脆否定人類走入山林活動的價值。他們認為人接近山林，只會破壞自然，影響生態，因此應該阻止人類接近山林，至少不應該如此鼓勵。

這種說法一旦成立，Walt-Mart 大戰 REI 之爭，也就消失於無形。反正人類不走入山林，那麼用什麼裝備走入山林，便也無需爭論。

但我們總還念念不忘山林之美。我們從心底相信，人類走入山林並非只有百害而無一利，人類走入自然，終歸是有價值的吧？

那麼那個價值是什麼？

在從正面談人類接近自然的價值之前，必須先回應激進環境派的質疑。從它的反面來說明：阻止人類走入山林，並不一定就有利於環境。

該阻止的是：不斷開發柏油路，提供人類用汽機車「進入山林」去消費自然、糟蹋自然。如果連人們用雙腳走入山林都被禁絕，那麼人們的一切活動，將被禁錮在已經過度開發的市鎮。禁錮人們於市鎮生活，人們窮極無聊，必然會進一步加強消費、刺激開發，引發更大規模的環境衝擊。阻止人們的雙腳走入山林，最可能的結果是，換來怪手剷平一個接另一個山頭，因為人們需要水泥，蓋更多更大的房子；也會換來快速道路一條接另一條穿越山野，因為人們要貨暢其流。

談環境保護、生態保育，必須整體的看，而且辯證的看。例如這些年各地登山團體極力提倡 LNT 運動。對於登山熱門路線，主張 LNT 無疑是對的：所有人把所有垃圾都帶回家，不要在山林留下一點多餘的痕跡，因為垃圾會積少成多，破壞生態。

但在人跡較少的山徑，有必要連穀物果皮都一一攜帶回家嗎？攜帶回家的垃圾，如果是送到垃圾車，帶到垃圾場焚化，不是更浪費能源、增加污染，增加Entropy（自然秩序的亂度）？直接將穀物果皮丟在樹叢裡，由土地分解，多少會微調附近生態，但對環境的衝擊，比送交垃圾車，浪費汽油，開去焚化爐焚化，污染大氣，究竟孰輕孰重？這些成本都應當詳細評估，而非停留於對LNT的絕對信仰。

又例如近年流行一些綠色科技產品，包括各式各樣使用綠色燃料的新型汽車、太陽能板，也有類似問題。這些產品的製造過程，所增加的污染，以及所消耗的能源資源，都要一併考慮。不管是什麼樣的商品，刺激消費本身，便不利於環境，這是不能輕忽的事。

Jeremy Rifkin在一九八〇年代寫一本標題為《Entropy》的科普經典，他指出環境問題不能仰賴科技去解決。人類消耗資源，便會增加Entropy。所謂Entropy，用淺顯（但有誤導嫌疑）的話來說，指的是一種亂度，一種打破自然秩序，把可用的能量轉變成不可用的能量，所產生的亂度。根據熱力學第二定律，打破自然秩序，是不可逆的過程。他歸結出來的論點是，任何科技處理的方法本身，都會製造新的亂度，增加新的污染。

人類要真正愛護環境、愛護地球，唯一的出路，還是回歸儉樸、在能夠維持基本生活的基礎上，盡量減少消費。近年很多標榜綠色的產品上市，使人誤以為消費那些產品，有助於保護環境，甚至為地球貢獻心力，便是被誤導的概念。

二

用雙腳走入山林，有沒有正面價值？

很多人走山路，是為了健身。近年中文用「健行」代替英文的「Hiking」，也是在這意義下出現的字眼。活化身體機能、呼吸清新空氣，常走山路會帶來身心健康，對個人與家庭是幸福，對社會亦節省龐大醫療費用，這是眾人皆知的價值。雖然「Hiking」譯成「健行」兩字，本身便反映了華人這種功能化的取向，但走入自然，換取健康，仍然是值得珍視的正面價值。

更深一層看，走入山林與自然互動，不只是功能性的為了健身，而是人本身存在的原始趣向。半世紀來，人經常被禁錮於城市，追求商業的生活機能，離不開城市，讓自己變成城市的宅男宅女，其實是工業化都市化的後遺症。人遠離自然，便會忽略自然，藐視自然、壓迫自然，甚至只知剝削自然，把自然工具化。

自然是孕育文明的母體，是人心智的歸依、創造力的泉源。文學藝術的偉大作品，甚至科學家的重大成就，無一不源於自然。接近自然，尤其用兩腳走入自然，去體會自己身體與自然合而為一的脈動，是人生命的原始價值，也是人生命的本來面目。

走回山林，回歸自然，這是人生命本質的一部分。也只有用雙腳走回自然，體驗自然，人才會回過來珍惜自然，愛護自然。

這樣的價值，是不證自明的。

我不知道銘謙迢迢千里跑去阿帕拉契參與步道工程，心裡有無意識到這層生命本質，但不論如何，是這樣的生命動力驅使一代代的人，包括銘謙與我，走入山林，並喜愛自然。

很多人批評人類中心主義，說眾生平等，認為人類的利益不該凌駕於其他物種，更不能奴役其他物種。這種批評的正面功能是，提供人類反思，其反思的意義遠大於實行，例如引發人類關懷動物的處境，或鼓勵溫熱帶地區的人們素食，以降低人類於食物鍊中居高的位置。

嚴格說來，並沒有所謂「人類中心主義」。人類依存於自然，與萬物共存共榮，環境一旦破壞，生態一旦失去平衡，第一批遭到反撲的便是人類本身，因為人類是地球各種生物中最脆弱的物種之一。人類滅絕之後，地球依然在轉，無數的生物還會欣欣向榮。如果真的以整體人類（不是以少數人）的利益為中心，便只能珍愛自然，保護生態與環境。所謂「為地球盡一份心力」，其實就是為人類的存活本身，盡一份心力。

在這樣的脈絡下，我會鼓勵人有機會用雙腳走入山林，接近自然，從而喜愛自然、保護自然。同時減少消費，並注意人類接近自然時，要減少對自然環境所造成的衝擊。即使使用標榜綠色的科技產品時，都要一一審慎評估。

以這樣的論述作為基礎，進一步回來檢視 Walt-Mart 與 REI 之間的爭議，問題便明朗得多。REI 強調高科技的裝備，刺激消費，並付出污染環境的代價，這是它負面的影響。但一般說來，它會加強登山者的安全。

就經濟條件來說，REI 派是貴族主義，Walt-Mart 派為大眾主義。但在安全層面上，卻反過來，REI派是大眾主義，因為他考慮的是更多人的安全，Walt-Mart派則變成菁英主義，因為只有少數人在山野中能擁有華倫·杜耶與原住民的膽識。自然千變萬化，若裝備簡陋，面對自然時，更需要豐富的自然知識、靈活判斷、沉著、決心與勇氣。

銘謙提到早期台大登山社學原住民吃苦克難的精神，想起來令人敬佩，但三、四十年前，台灣山難頻傳，就因為登山者不了解自然的變化，沒做好準備功課，又無安全的裝備，便貿然上山。而惠爾登派，依銘謙描述，所做的也許在彌補這道缺口，增進登山者活用的自然知識，擴大登山的菁英群，而不直接排斥REI的裝備。

至於要相信哪一派，終究是個人的選擇。對我來說，攀登風雪覆蓋的高山，高科技的裝備維繫攀登者生命的安全，REI的貢獻不容忽視。但一般山裡的腳行，原住民矯健的身手、華倫·杜耶的防水布與九紀山人提到的自製酒精爐，更能吸引著我。在銘謙的書中，我自己動手為這樣深具創意的酒精爐描繪插畫，為的是對這些無名的發明者，表達自己由衷的敬意。

三

銘謙在書中談到：阿帕拉契山徑的發起人班頓・麥凱（Benton MacKaye）在一九二一年提出規畫的藍圖時，並不主張阿帕拉契山徑周邊成為無人的荒野。

相反的，他描繪出一幅勞工脫離工業生產壓力，紛紛重返土地的圖景；（他指出）山徑的設計並非要滿足挑戰自我的全程腳行者，而是要讓人們體驗一起在土地上生活與合作的精神。

根據銘謙的描述，麥凱主張在每隔一天腳程的營地，由義工們修建夜宿小屋；圍繞著小屋，還進一步規畫與山徑共生的聚落。這些聚落的居民在經濟上也能自給自足，因為他們可以用一些與山徑共生的方式，賺取生活所需。例如，一方面提供腳行者的用品補給與食宿，另一方面提供附近農場的勞動力，必要時還可以取代大型的林木業公司，直接與林務署簽約，取得沿山徑伐木的許可。

這些聚落的組織有幾分是公社（Commune）的型態，尋求以互助合作的方式，一起在土地上生活與工作，並藉以紓緩工業社會的緊張壓力。把公社的理想與自然生態結合，套句今天的術語，就是把「紅」和「綠」結合在一起。我不知道班頓．麥凱有沒有直接受到十九世紀初聖西蒙（Sanit-Simon, 1760-1825）公社思想的影響。但自啟蒙運動與工業革命以來，不斷有人主張對抗工商業非人性的壓迫，反對階級剝削，倡導成立互助合作、自給自足的公社。公社思想可以說是早期素樸的社會主義。繼聖西蒙之後，較具代表性的人物是法國的傅立葉（Charles Fourier, 1771-1837）與英國的歐文（Robert Owen, 1771-1858）。公社其實是人類構築新社會的理想，但實行起來卻跌跌撞撞。從十九世紀以來，無數公社成立又覆亡，前仆後繼，難以計數。

歐文於一八二四年去美國，捲起歐文公社旋風，繼之美國各地便有十多個歐文式的公社，紛紛成立。同時，傅立葉式的公社在《紐約論壇報》（The New York Tribune）專欄作家Albert Brisbane的鼓吹之下，到一八四〇年代也高達四十多個。Morris Hillquit在《美國社會主義史》的書中，估計美國在這兩世紀中成立的公社至少一百七十八個。到二十世紀六零年代，公社運動再度掀起一陣旋風。九零年代，新澤西州還有早期的傅立葉公社在拆除。（公社運動的歷史，參見 Edmund Wilson：《*The Finland Station*》中譯本《到芬蘭車站》劉森堯譯，麥田出版）

傳奇數學家 A. Grothendieck 就在一九七〇年當他的成就如日中天之時，忽然放棄數學，去組織公社。Grothendieck 被譽為二十世紀數學界的莫札特，他是代數幾何學的泰斗。但他宣稱人類存在的問題，比做數學急迫。公社失敗之後，他的足跡消失在庇里牛斯山中。

公社運動是人們批判工商社會扭曲人性，想找桃花源，打造新社會的嘗試。傅立葉構想中的公社，仍肯定私有財產制與階級差別，只要求工商利潤所得，必須重予分配。歐文則要實現更進一步的平等主義。為了凝聚內部的向心力，各式各樣的公社，各自標榜自己不同的信念。例如，許多公社都與某一宗教的教派緊密聯繫，作為公社的精神支柱，也有主張無神論或自然神論的公社。其他有些追求「自由的愛」，有些則施行全面素食、愛護動物。他們都受盧梭人性觀點的影響，對人性的善良深具信心，也對資本主義抱持強烈的批判。

可是人類社會畢竟存在太多的變因，無法聽從少數高尚心靈善良而主觀的設計。就像自然界的物種千奇百怪、富麗多變的演化一般，世界是發散的，社會結構隨時在演化，甚至突變。它不會一直停留在人的主觀意志所規畫出來的軌道上。唯心主義在現實世界中難有立錐之地。公社運動猶如二十世紀的共產主義國家，至今已所剩無幾，殘存的像以色列的 Kibbutz 與美國喀爾文教派的 Amish，也都搖搖欲墜。

我無意要對公社的理想、對錯或它的命運下任何註腳。在歷史時空中，公社有它可能生存的區位，也許在本世紀或下一個世紀，當同樣的區位出現，會再興起另一波的公社運動。但一般說來，多數的環境（太豐裕或太匱乏）都不利於它的生存。

四

公社運動在一八四八年巴黎公社失敗之後，便逐漸轉向，由馬克思、恩格斯為代表，把早期素樸的社會主義，變成科學的社會主義。它的哲學基礎從唯心主義翻轉成唯物論，試圖用生產關係與生產力之間的矛盾，去建立歷史發展的客觀規律。馬克思把黑格爾的唯心辯證法，改頭換面建立了唯物辯證法，拿來剖析不同歷史階段的人類社會，並預言資本主義必然崩潰，取而代之的必然是共產社會。

可是反諷的是，歷經一個多世紀人類社會的滔天巨變，由一九一七年蘇聯革命之後逐一建立的共產主義國家，到了二十世紀末葉已逐一覆亡，反而是資本主義存留下來，並加速發展，通過全球化，達到今日的顛峰狀態。

其癥結在於：以唯物論為其哲學基礎的共產主義，在實行的過程中卻是唯心的，因為計畫經濟與共產社會的理想都是主觀的設計，不隨社會發展而適時調整腳步。反過來，以唯心主義為其哲學基礎的資本主義，在發展的過程中，則為唯物，因它不斷因應社會變遷的需要，而修正自己。結果是：到了二十一世紀初年，共產主義崩潰，資本主義成為統治全世界唯一的意識型態。

如果說，共產主義（包括早期公社主義）的剋星，是人的自由與創造，那麼資本主義的敵人則為自然蓄勢待發的大反撲。如果說共產主義的救星，是早期 Antonio Gramsci

與青年馬克思的人道主義，那麼解救二十一世紀資本主義使免於崩潰的，將會是自然生態主義。

「紅」與「綠」是一對雙生子。紅對抗的是，資本主義社會內部的階級剝削；綠則對抗資本主義社會外部對自然的剝削。在一九八〇年代，我試圖歸結近代人類社會兩個主要的矛盾：一為人類社會內部個體與集體之間的矛盾，另一為人類社會與自然之間的矛盾。

人因為反對階級壓迫，而興起社會主義。但潛藏在社會主義裡頭的集體主義，卻反過頭來壓迫個人，限制人的自由與創造。可是，創造是人活著的原始動力，是人存在的原始趣向，而「自由則為一切創造活動的根本」（Pablo Casals 語，見《白鳥之歌》）。當壓迫稍見鬆懈，尤其當計畫經濟帶來的貧窮與官僚一手遮天的腐敗，日夜嚙蝕著早期社會主義的理想之時，人自由與創造的內在動力，便會匯集成江河，推翻依附於集體主義的共產社會。

人因為維生的需要，而發展資本主義。由於資本主義以經濟自由做為社會發展的核心力量，當經濟水準提高到一定程度，人自由與創造的需求便隨著釋放出來，得到適當的滿足。可是，這次輪到自然受到壓迫，因為資本主義發展的基礎是，不斷開發、不斷擴張、鼓勵消費，甚至以刺激消費當作經濟成長的命脈。過去節約儉樸的美德，現在被嗤之以鼻。不斷開發的結果，便是壓迫自然、剝削自然。

資本主義到了二十世紀中期，藉由科技與大企業經營的躍進，伸入人類生活的每一個角落，改變了人日常生活的樣貌，包括行為舉止、甚至思想。另一方面，藉由科技與大企業經營，成本降低，生產力大幅提高。馬克思所強調的「生產力與生產關係之間」的矛盾，因而減輕。社會一旦豐裕，社會內部的階級衝突也因而緩和。但生產力大幅提高，也意味著自然要提供千百倍的資源，餵養人類無盡的奢求。於是原來的矛盾轉嫁到文明與自然之間：無數物種快速滅絕，森林消失、臭氧層破洞、冰山瓦解、全球溫度一寸寸上升。

這一次，自然在變臉。

當資本主義繼續大肆擴張、破壞自然、挑釁自然之時，人類社會內部有沒有足夠的反省力量，在大自然反撲，人類物種面臨滅絕之前，來得及猛踩煞車？

這股反省力量，便是自然生態主義。

如果自然生態主義不能在短時間內壯大，遏阻資本主義無限膨脹，那麼，自然的大反撲便進入倒數計時，資本主義終將崩潰，而伴隨著它一起崩潰的，卻是人類物種的滅絕。

這一次，覆亡的是人類，以及人類整部珍貴的文明。

五

班頓．麥凱繪製阿帕拉契山徑的藍圖成功了一半：綠的那半成功了，紅的那半失敗。

換句話說，山徑的開闢成功了。半個多世紀過去，現今每年有成千上萬的人走入山徑，五百多人走完全程三千五百多公里，一千多名義工志願守護山徑，並維持它順暢運作。

但山徑沿線的公社並沒有建立起來。

理由不難猜測：山徑沿線的公社牽連生活資源的經營、私有財產權與階級制度，以及既有體制塑造出來的人性。這是人類社會最難由外部去撼動的領域。班頓．麥凱藍圖中的山徑公社，猶如一百多年來曇花一現的其他公社，是資本主義社會體制外的新生事物，在現有體制內不易建立。至於山徑的闢建、串連與守護，則是體制內的東西。城市中產階級的興起、休閒健身、遁入自然、暫時抒解工商社會生活壓力的需求，這些都是山徑成功運作的基礎。開闢山徑，加以串連與守護，正好因應這些需求，調和資本主義社會內部的矛盾，加上美國二十世紀市民社會日趨成熟，阿帕拉契山徑便有了今日的面貌，而且往北往南繼續延伸至加拿大與佛羅里達。

不過猜測的理由究竟是猜測，真實而具體的原因，值得深入研究。

當銘謙進一步談到山徑穿越私有地時，她碰觸到的正是美國這個極致的資本主義社會最牢固的私有財產權觀念。在美國，穿越私有地是違法的，由於地主一般都合法擁有槍枝，穿越者所冒的險不只是移送法辦，有時更會惹來殺身之禍。

銘謙二〇〇六年在紐約近郊，站名叫「阿帕拉契山徑」（Appalachian Trail）的車站下車，走入山徑時，她這樣寫道：

接下來就是一條農用產業道路。按照指標，我得攀越一座農場的圍籬……爬上圍籬時，（我）一眼瞥見圍籬的鐵絲網上掛著字牌，上面寫著『警告！通電圍籬，危險勿觸』。我縮了一下手，掃視遠方農場的耕耘機，忖度自己此去是否有生命危險。我走入農場，依循路徑與指標，在平坦的農場中繞過大直角的路線……（我）再度翻越圍籬木梯，進入下一個農場地界……（我再度必須繞個直角的大彎）沿著圍籬往北走到底，再循著農場邊界往西走到底。八月初的太陽很大，我眼見遠方（左拐）的指標，卻不能切斜角走直線穿越農場……偶爾不懷好意的主人會把農機駛到附近，丟過來一種監視我不得『越雷池一步』的眼光。我只能噤聲不語，躡手躡腳快步通過。

銘謙這段敘述，喚起我的記憶。一九六〇年代中期，我初抵美國，便驚覺私有財產權如何突兀的分割這片美麗的新大陸，壯闊的原野、清澈的翠湖經常可望不可及。遠眺山巒起伏的草原牽引著你，吸引著你移步走近，不久嚮往變成了沮喪，因為橫梗在你胸前的，是兩側無限伸展又不得穿越的鐵絲網。只有國家或州郡的公園，你可以自由自在的走路，其它地方除了既有道路，處處都是私人土地，都是鐵絲網與書寫「不得穿越」的告示牌。

有時你在地圖上看到北方荒野裡的一座湖，你午後到達那裡，沿著湖岸繞行，想找個缺口切入水邊。你一夜未眠，順著湖邊奮力前行，碰到的不是鐵絲網，就是住家的圍籬，到凌晨你才找到缺口，是一個小不丁點的公園，還不到一分地，幸好靠岸有兩張木桌椅，終於你躺了下來，靜靜聽著水聲，看著星光燦爛的夜空。閤上眼，你想起印第安酋長對白人的控訴：「你不斷占領土地，但你能擁有天空嗎？」你在無奈與疲憊中終於入夢，但一道強光直直照在你的臉上，你以為是第一道晨曦，卻被一陣喝叱聲驚醒：「這裡不是營地，不准在這公園過夜！」旁邊停著一部警車嗚嗚的叫。

「哪裡是營地？」你睡眼惺忪的問。

「這座湖沒有公共的營地！」警車嗚嗚的叫。

在美國，除了國家或州郡的公園，不只是湖濱，海邊山野處處都是不得穿越的私有土地。除非你人在公園，你能腳行的地方，只有與汽車並行的公路。

六

銘謙在書中指出：

> 喜好散步的英國人主張歷史上固有的穿越權，要求地主不得在步道旁設置圍籬或毀損步道。在地主「私有財產權」（Private Porperty Right）與人民「漫步權」（Right to Roam）兩者之間，英國政府承認人民可以無害的通過農村鄉野的步道……同時也保障地主生活不受干擾……這是源自英格蘭古老律法……

台灣在一九九〇年之前，比較像英國，政府雖沒有立法處理兩種權利的平衡點，但約定成俗，台灣鄉村與山野的居民素性淳樸大方，陌生人經過他們的私有地，「人來就是客」，總是把陌生人當客人一樣善待，招呼陌生人喝茶休息。就像社大張森田回答銘謙時所說的，許多人的足跡，沿山路或鄉間小徑穿越私有土地，積年累月，終於變成了既有道路。這樣的事從未引起爭議。

因此台灣在一九九〇年代之前，執政者雖無心設置城鎮或國家公園，但人民猶有廣大的土地可以到處遊走。自一九六〇年代中期，台灣與其他亞洲三小龍，拜越戰之賜，發展加工業。經過一九七〇年代的經濟起飛，到一九八〇左右，新興的中產階級已經成形，自用汽車大量增加，有人開始攜家帶眷開車進入山林海濱遊嬉，把鄉村山野當作消費對象。一九八〇年夏天，我在花蓮天祥山上寫了一篇長文，標題為〈糟蹋〉，對人們糟蹋自然有強烈的感慨與批評。休閒人口搭自用車湧入山野，隨手採摘水果作物，烤肉、丟垃圾、輾草坪，引發鄉民憤慨。鄉民原來的敦厚好客，慢慢轉化為對立。同時城市人口下鄉休閒，其中比較有錢的，便到鄉村置產買別墅。經房地產業炒作，鄉民的私有財產觀念因而強化，到處開始設圍牆搭圍籬，劃地自擁。影響所及，許多公有地也不斷被私人（尤其地方角頭）侵占。基於政治考量，執政者怕招來民怨，不主動取締，公權力徒具形式。

一九九〇年代中期，政府開放農地經營休閒農業，圈地圍籬的現象尤變本加厲，無數既有的山路小徑被地主用圍籬阻斷，而公有地被私人侵占的情況，日益嚴重，同時國家土地也開始大量拋售給私人與財團。

一九八七年解嚴前後，台灣一度萌芽而隱約浮現的社會力，並沒有發展出現代民主國家最重要的公眾力量，帶領國家導向公與義的正軌。相反的，政治權力的鬥爭，加上統獨的對立，消耗了台灣社會很大部分的能量。沒有公眾力量監督，土地私權化的現象便無從遏止。

二〇〇〇年政黨輪替，新執政者往右靠攏，持續大力推動國營事業民營化，其實所謂「民營化」，便是「私營化」；國營事業私營化的理由，是要提高營運的績效，國土拋售則為增加政府財源，大量投入所謂公共建設。

國家的財產（含土地）屬全體人民所共有。當專制政權解體，政治民主化之後，國家的權力與資源不再掌握在少數人或某一特定政黨的手中，國家的財產名符其實，便是人民共有的財產。一旦私營化，人民公眾便無緣享用，尤其土地歸諸某些私人，則人民公眾永遠不得再接近。過去在獨裁統治時期，官方與人民是對立的，國營便是官營，人民無權置喙，「民營」（其實是私營），反而是好的，至少辦事比較開通，人民不會老是受官僚們的氣。但國家民主化之後，國營反意味著民營，在全體人民的共同監督之下營運。將國營事業轉讓給私人財團，其實是私營化，不是民營化，而是「反民營化」。

國土一旦讓售給私人，則世世代代人民公眾將無法接近、無法利用，這是極為嚴重的事。台灣過去幾十年間，極少規畫大片公園作為公眾用途，鄉鎮更為短缺。人們接近自然，經常穿越私人土地，引以為習，如同英國，變成民間的傳統。可是近年私人土地大幅圈地圍籬之時，政府並沒有針對地主片面封閉既有道路，依法加以取締，更沒有像英國那樣，進一步立法保護人民穿越權。加上大量國土又讓售給私人財團，日後公眾能在自己的國土上自由活動的範圍，將嚴重緊縮。

相對於台灣，美國雖一面倒保護私有財產，但它一直保留大片公園。銘謙書上也指出：阿帕拉契山徑周邊許多土地，反由國家撥款從私人手中買回，還給公眾使用。人們雖不能進入私有土地，仍有相當的空間可以活動，可以接近自然。但台灣的情況則因：

1. 原有公園甚少，幅地亦窄。
2. 近年私人土地大幅度架設圍籬，公眾不得穿越。許多傳統的既有山徑因此被阻絕，劃歸私人產權。

3. 國家原有公用土地大量讓售給私人。許多公有地亦在公權力不彰，以及地方勢力藉政商關係巧取豪奪的情況下，不斷被私人吞蝕。

人們接近自然的空間將急速緊縮，較之美國更為嚴重。這也是二〇〇五年千里步道運動興起的背景原因。

七

如何維護步道沿線的自然與人文景觀，使不致遭到開發者無盡的破壞？這也是愛好自然、一心想接近自然的人最關心的焦點。假若這些景觀因一波波的開發，而逐一被破壞，那麼走上步道，只剩運動健身的價值，像在健身房練腳踏車或跑步機一樣，缺乏自然的洗滌。

銘謙談美國對步道景觀的維護，她寫道：

> 英國的步道系統並非單獨存在，而是置於整體鄉野景觀維護的概念底下……在英國，所謂『步道（Footpath）』指的是腳行者的足跡，並不特指既定路線。在英國鄉村法案（Countryside Law）的文字裡，『步道』指公眾在鄉村通行的權利。英國政府劃設四十九個『美麗風光保護區』（Area of Outstanding Natural Beauty，簡稱AONB），以及規畫無動力車輛通行的鄉村綠廊（GreenWay），以維護鄉村美麗的景觀。

這段話宣示了一種關鍵性的抉擇。今日人類正站在一個岔路口，往右是延續百年來以開發為主，把人類的生活環境工具化、萬物為我所役的擴張主義（Expansionism）；往左則是放慢腳步，回歸人的存在價值，重新思量人如何融入自身生活的環境，追尋真善美的保留主義（Conservationism）。

美麗風光保留區的規畫，在步道的議題上，選擇了往左的道路。這在美國與台灣這樣的國家都是不可思議的事。

二〇〇六年四月，一些朋友合力啟動了「千里步道」計畫，企圖從這計畫衍發一場大地倫理的運動。英國AONB的概念，在這運動發起不久，便由東華大學蔡建福教授引介給千里步道籌畫中心，希望當作千里步道的一個目標去推動。

以台灣的現狀，AONB很難被社會接受，因為以開發及私有財產為中心的擴張主義，一直是台灣社會的主流。考量現實的困難，銘謙在千里步道籌畫中心執行長周聖心的邀請下，去年（二〇〇七）花了半年到雲嘉南，想利用台糖已廢棄不用的舊鐵道，規畫為千里步道西南段，順此保留沿線廣袤的糖廠腹地，作為台灣AONB的一個帶狀地區。

千里步道計畫，在具體層面上，是想闢建一條環島的步道，穿越山邊海岸甚至通過平原城鎮，專供腳行者（含腳踏車騎士）使用，並保留沿線的自然與人文景觀。工作內容繁重複雜，從探勘路線、經營地方與社區、收集各方意見，發展公共論述，並組織步道義工，到最後說服政府與民代支持，與公部門合作闢建步道。每一樣工作都需龐大的人力與熱情。

兩年半過去，千里步道計畫在許多朋友不計報酬的熱情與努力中，慢慢凝聚了一些力量，路線探勘已逐漸成形，地方經營也取得一定成績。由於眾人的投入，原來的構想與前行的腳步不斷在修正，例如原來一條的環島步道，現在變成了「千里步道路網」，大體的形狀是：在西部平原沿山與靠海各一條南北向的步道，其間則由許多東西向的河濱道路連結。台灣河流大體東西走向，所以闢建河濱步道難度不高。東部平原亦如此規畫。

這樣的特點是：

1. 千里步道路網含有許多長方形的迴路，可供一至兩天行程使用，提高千里步道的使用率。
2. 兩年半來的地方經營，千里步道籌畫中心及各籌畫站，深度結合很多地方文史、自然觀察、生態保育、古蹟保護、健康休閒、青年旅舍等團體，一起擴展運動的幅員。有朝一日，千里步道路網闢建完成，就像一張大網攤開在台灣大地，網上串連無數文史古蹟與自然生態等景點，這些景點就像鑲嵌在漁網上的珍珠一樣，將變成台灣人珍貴的共同記憶，並以此做為台灣的觀光賣點。
3. 千里步道路網也許慢慢會愈織愈密，進入村莊、進入城鎮，將現有汽機車處處獨占的路權，分一部分出來，轉移給腳行者與自行車，從而改變我們生活的面貌。

這又是個大夢，但這個路網的大夢是大家在千里步道運動中，共同築起的夢，起點是宜蘭社區大學藍浩瑋規畫宜蘭路網，經由台南市社區大學吳茂成帶年輕人走東西河岸……概念一點一滴，由眾人參與，慢慢發展成形的。

八

拿到銘謙的書稿，答應為她的書寫序時，我正在為步道的義工組織煩惱。千里步道的工作繁重，但人力有限，義工組織應進一步紮根而且擴大規模。銘謙的書適時提供了有趣的參考。她用了很大篇幅談到了阿帕拉契山徑，千百個義工從各方來參加修步道、建木屋、架橋、導覽的工作。

阿帕拉契山徑如果不是有這樣龐大而運作自如的民間力量在守護，不可能有今日這等規模的面貌，也不可能吸引世界各地的人迢迢千里跑去山徑腳行。

當然，銘謙談的不是硬梆梆的組織問題，她談的是生動有趣又感人的個人體驗。她筆下的人物，從華倫・杜耶、副領隊克莉絲汀、大鬍子泰德、老人A、B、D，到比爾、小約翰，每一個人的樣貌與工作態度都讓人印象深刻。

但這些人物只是阿帕拉契山徑龐大義工體系的一個分支，卻能主動找到自己的區位而踏踏實實的運作。它背後的動力是什麼？在台灣有無可能發展出像這樣的義工體系？千里步道即使到闢建完成之後，若沒有像這樣一群熱愛步道的義工持續在認養、維護，並對外營運，不久便會頹敗或變質。

當然核心人員的主觀條件不能輕忽，但客觀條件呢？

台灣也有某些民間團體擁有同等規模的義工體系，成就令人矚目，例如慈濟功德會、荒野保護協會與社區大學所展現的充沛民間力量，使我對千里步道運動抱持樂觀。可是翻開銘謙的書，拉近距離觀察她筆下的人物、閱讀阿帕拉契山徑的出版資料、思索阿帕拉契的義工組織，我還是看到了重要的文化差異。

去中心化與長期實事求是的訓練，鎔鑄在一起的質素，不時表現在阿帕拉契義工的身上。這種質素來自於西方相對成熟的公民社會。我這裡所說的「去中心化」，指的是人有較強的主體性與懷疑精神。「實事求是」則指：講道理、重視並活用知識與經驗，於現實生活之中。

相對的，在台灣幾個大規模民間團體的義工組織中，這種質素並未充分彰顯。集體主義與唯心主義，在不同團體之間，或多或少都呈現不同的份量。

千里步道運動能否成功，要看眾人自主創造的力量，能否匯集。雖然它的遠景已經成形，但亟待開拓的工作內容，千變萬化，相當比例的義工必須具備開疆拓土的能力；而所開拓的工作，也要朝向那遠景，逐步逼近，很多判斷必須扣緊實際。這些在在都需要人較高的自主性及切入核心問題的能力。

因此，上述去中心化與實事求是的精神，便成為必要的質素。可是潛藏在台灣社會底層的集體意識，使人不善於主動去開拓新的工作；而慣有的唯心主義，又使人一旦從經濟領域抽離，便容易脫離實際，避開困難而空談理想。這種文化慣性既不利於公民社會的形成，也會使千里步道的組織，因不易分眾化而難以擴大，終至整體工作遲滯不前。

限於篇幅，我以這個文化差異衍生的問題，結束這篇文章。某些文化質素，例如上述去中心化與實事求是的精神，對NGO組織的推展與現代公民社會的形成，有不能忽視的影響。無疑的，文化質素與公民社會，是交互作用，而且來回辯證的。

但以台灣與西方的差異來說，到底什麼樣的文化差異，會是關鍵性的差異？哪些文化質素，是形成公民社會關鍵性的因素？兩者交互作用的機制究竟是什麼？

這是一系列值得深究的問題。

九

當我寫到這段結語，我才有機會讀到銘謙早已寫好，並放在我書桌上的最後一節書稿。我很高興與這位年輕作者，有這樣來回往返的書面對話；更高興看到在整本書稿中，她無拘無束的思緒扣緊她勇敢堅毅的生命實踐如翻山越嶺一幅幅不斷變化的風景在你眼前開展。

細讀銘謙的書稿，只因其中兩三幅風景吸引我駐足，便讓我夢囈似的喃喃自語，寫下一萬多個字。書稿中還有許多幅風景，風景中留有引人深思的問題，我無暇停下來思索與回應。

銘謙的書，就是這樣一本令人玩味又讓你手忙腳亂的書。

我在阿帕拉契山徑
一趟向山學習思考的旅程

作　　者　徐銘謙
總 編 輯　周易正
責任編輯　陳秀娟
美術設計　霧室
內頁美術　葉若蒂

助理編輯　林佩儀
印　　刷　釉川彩藝

定　　價　三佰五十元
二版四刷　二〇二三年二月廿四日
ISBN 978-986-90877-9-7

出 版 者　行人文化實驗室
發 行 人　廖美立
地　　址　一〇〇七四台北市南昌路四九號二樓
電　　話　（〇二）三七六五一二六五五
網　　址　http://flaneur.tw
總 經 銷　大和書報圖書股份有限公司
電　　話　（〇二）八九九〇一二五八八

國家圖書館出版品預行編目（CIP）資料

我在阿帕拉契山徑——一趟向山學習思考的旅程／徐銘謙作. -- 二版四刷 -- 臺北市：行人文化實驗室，2015.09
面；　公分
ISBN 978-986-90877-9-7（平裝）

1. 遊記　2. 旅遊文學　3. 美國

752.9　　103022978